Global Shapers
Jeunissme
climatique
DÉTRESSE ÉNERGÉTIQUE
vegan
réchauffement
homardgate
COP 21
décroissance
Passoire thermique
effondrissme
monde sans voitures
Greenwashing
Collapsologie
ambassadrice de conscience
écologie
énergie
fossile
loi climat
Global Humanit
énergie fossile
BIO
écologie punitive
pesticides
croissance verte
circuits courts
apprendre à mourir ensemble
résilience
COP 21
transition énergétique
rapport du GIEC
gaz à effet de serre
énergie fossile
monde sans voitures
survivalistes
BIO
taxe carbone
commerce équitable
culture biologique
colibri
effondrisme

Zélote : désigne un individu qui voue un attachement fanatique à sa cause jusqu'à l'aveuglement. Historique : membre d'une secte juive du 1ᵉʳ siècle de notre ère qui prônait la résistance à outrance à la domination étrangère et qui était prête à punir de mort ceux qui ne partageaient pas ses vues.

Tout a été prévu, naturellement, sauf ce qui va se
passer

René de Lacharrière

Comme si le défaitisme était la résidence secondaire
des anciens peuples privilégiés qui ont renoncé à
construire le futur. La volupté du chaos semble aller
de pair avec le renoncement à se battre. L'inquiétude
environnementale est universelle, la peur de la fin du
monde, purement occidentale.

Pascal Bruckner

Les situations et les personnages de ce récit étant purement fictifs, toute ressemblance avec des personnes ou des situations existantes ou ayant existé ne saurait être que fortuite…

Ce livre a été corrigé avec le logiciel Le Robert Correcteur avant sa publication.
C'est un gage de qualité pour votre plus grand plaisir de lecture

Préambule

« *Les accords de Paris prévoient d'atteindre la neutralité carbone au niveau mondial en 2050. Pour ce faire, nous devons bâtir de nouvelles infrastructures de production, stockage, transport et utilisation d'énergie qui nécessitent de nombreuses matières premières « de base » comme l'acier, le cuivre, l'aluminium et des substances plus rares. Cette évolution doit se faire dans un contexte de forte croissante de la demande pour d'autres applications liées à l'émergence rapide des pays en voie de développement, un taux d'urbanisation croissant et le développement des nouvelles technologies. La consommation de métaux a doublé depuis le début du siècle et si la tendance se poursuit, nous devrons d'ici 2050 en produire plus que nous n'en avons produit depuis le début de l'humanité. C'est dans ce contexte tendu que se posent les enjeux de l'approvisionnement en matières premières et en énergie. Ces enjeux sont indissociables, car les métaux sont nécessaires pour produire, distribuer et utiliser l'énergie et l'énergie est nécessaire pour produire les matières premières. »*

Collège de France - Olivier Vidal

« *Parler, par exemple, de «démesure», de «désillusions» ou de «dégâts» du progrès est une chose, remettre en cause l'idée même du progrès en est une autre. Le changement opéré n'a rien d'anodin ou de secondaire ; il est d'ordre historique et anthropologique. À l'idée d'une histoire en marche vers toujours plus de progrès et d'émancipation dans laquelle s'inscrivaient les acteurs sociaux et politiques, s'est substitué un compte à rebours vers la catastrophe à moins qu'un «réveil des consciences» n'ait lieu. Ce cocktail religieux à base d'écologie s'est diffusé en douceur dans la société sur fond de déculturation historique. » L'écologie présente les traits d'une nouvelle «religion séculière» pour reprendre le concept de Raymond Aron - quand elle s'érige en une explication globale du monde qui détiendrait les nouvelles clés de l'histoire et du salut de l'humanité, quand elle fixe la hiérarchie des valeurs et des bons comportements. Son aspect religieux ne se limite pas cependant à ces caractéristiques dogmatiques et sectaires. Sous une forme plus douce et aseptisée, elle participe des nouvelles formes de spiritualités diffuses qui se sont répandues dans les sociétés démocratiques déchristianisées et en crise d'identité. »*

Le Figaro. 4 juin 2019 - Jean Pierre Le Goff

Si la prise de conscience de l'écologie dans nos actes est bénéfique, ces deux extraits nous mettent en garde contre les excès de mesures politiques non évaluées, faute de temps, et non concertées. Nous devons tous faire l'effort d'une analyse personnelle, en collectant les informations indispensables à la construction de notre jugement et en refusant a priori ces dogmes auxquels nous serions tentés d'adhérer trop facilement.

L'affaire du cardinal Barbarin véhicule une image désastreuse de la hiérarchie vaticane à propos du refus par le pape de se plier au jugement des hommes. C'est un signal majeur qui semble annoncer le déclin jusqu'à l'oubli du catholicisme occidental sur certains territoires peu urbanisés. Nos institutions laïques, les seules dont nous, français, sommes porteurs et si fiers , ne font pas bon ménage avec la religion. Ce bon mot d'André Santini l'illustre quelque peu : « Mgr Decourtray n'a rien compris au préservatif. La preuve, il le met à l'index. » L'écologie, en revanche, présente toutes les caractéristiques d'une religion séculière naissante, dont les assemblées d'élus sont des tribunes occasionnelles. Tout comme le catholicisme, elle est fondée sur la culpabilité des hommes et plus particulièrement de ceux de la génération d'âge mûr au détriment de notre jeunesse. Contrairement au pouvoir de Dieu réservé à l'au-delà et donc non vérifiable, les effets néfastes du réchauffement climatique, dont l'homme est responsable, se constatent et s'accélèrent tous les jours.

Il manquait pour que l'écologie devienne une vraie religion une ou un « grand (e) leader » pour l'incarner. Notre Nicolas Hulot bien sympathique n'était pas fait pour la mission. Il n'avait pas assez de convictions militantes pour susciter l'adhésion des politiques et d'aura pour entraîner le plus grand nombre. Certains l'ont raillé en le traitant d'adepte de l'hélicologie, allusion à ses émissions de divertissement Ushuaïa. Son successeur nous entraîna dans le « homardgate… ». Mais nous connaissons maintenant Greta Thunberg, la nouvelle Jeanne d'Arc, sacrée « Ambassadrice des Consciences » par Amnesty International, qui s'est donnée pour mission de convertir la planète au « flight shaming ». À la différence du Christ qui prêchait l'amour du prochain, Greta communique la peur de l'avenir, la culpabilité des hommes et donc la nécessité d'une rédemption par des actes de privation exemplaires. Son message dogmatique n'est pas plein d'espoir, tout au contraire, mais il convainc, même au-delà des frontières. Est-ce un bien d'en arriver là, connaissant les excès auxquels toutes les religions, régulières et séculières, nous ont conduits ?

Le réchauffement climatique a le même tempo que l'action politique. Aussi nos chefs d'État se l'approprient dans l'urgence, en faisant voter de nouvelles lois et normes dont le peuple, qui en sera la principale victime, n'a pas encore réalisé la portée. Il y aura des suites aux gilets jaunes, assurément !

Cette fiction écrite sous forme d'un roman d'espionnage, exagère volontairement les impacts d'une écologie très prégnante et radicale. Peut-être l'anticipe-t-elle ? J'espère qu'entre le Jutland, Vizzavona, le Pays de Galles et la Cappadoce, vous prendrez du plaisir à la lire. Bonne lecture !

18 juin 2019 – Paris 11eme , rue Oberkampf

La sonnerie tonitruante du vieux radio-réveil annonça sept heures en ce lendemain d'élection. Anicet Le Goff, député LR, souleva délicatement le bras qui l'enlaçait et se leva sans bruit pour se rendre dans son QG du matin, c'est-à-dire sa cuisine. Il discrimina par un coup d'œil circulaire le désordre dont il avait été l'auteur. Muni de son « laptop » sous le bras, il commença l'examen de la revue de presse, à l'occasion de son petit-déjeuner. Les restes de pizzas et les non-restes d'alcools cisalpins constituaient le gros des reliefs qui lui firent battre en retraite pour s'engager dans une ébauche de vaisselle.

L'important, c'était de saisir les commentaires politiques à chaud. Ceux de potron-minet étaient, selon lui, les meilleurs, car constituant la chasse gardée des journalistes dont tout un chacun garde les noms en tête. Il guettait les analyses lapidaires et ciselées de fiel, des éditorialistes qui n'allaient pas manquer, à propos du score apocalyptique de son parti aux élections européennes.

C'est avec la bouche pâteuse et un reste de gueule de bois qu'il renversa son bol de café qui explosa sur le sol carrelé. Les projections brûlantes lui ébouillantèrent les orteils. « Catastrophe ! » fit-il en épongeant son fait d'arme avec la serpillière.

Sa compagne Carla, en nuisette des plus courtes, entra sans bruit et le dévisagea. Elle aperçut aussi la bouteille complètement vide de lemoncello qu'elle avait apporté la veille de Montfalcone. Réveillée par les sons nasillards de la radio et l'explosion du bol de café, encore embrumée par le sommeil, elle l'observait depuis quelques minutes. Le bras gauche, tentant de saisir les ingrédients d'un café matinal dans un placard en hauteur, avait pour effet de révéler son intimité féminine.

Un pot de confiture aux citrons de Menton les attendait en guise de consolation, là, bien en évidence, sur l'étagère du placard à provisions. Ce cadeau de la tante d'Anicet était réservé aux grandes occasions. Après tout, Carla, cette beauté de Botticelli, était devant lui pour le conforter que ce jour constituait bien une occasion exceptionnelle. La radio débitait en ce moment précis les injonctions et les déclamations incantatoires du leader écologiste, grand gagnant de cette confrontation électorale. Maintenant que ses brûlures aux pieds étaient moins douloureuses grâce à l'application de poches glacées, son estomac se noua lorsque Léa Salamé posa la question lapidaire à l'invité du jour, Laurent W . « Qu'est-ce que vous allez faire avec un score à un chiffre, moitié moindre que celui des écologistes ? Démissionner ? »

L'idée de démissionner était présente dans son inconscient. Elle revint là comme une évidence. Il se rappela les querelles de parti, qui sans aucune retenue, se déballaient au grand jour depuis maintenant trois ans. « Ces bagarres inutiles et si dérisoires entre militants ! Pourquoi ne pas rejoindre maintenant, comme nombre de ses camarades, les forces au pouvoir pour agir et apporter sa connaissance des dossiers dans le domaine de l'écologie ? » se dit Anicet Le Goff. N'avait-il pas fait partie de la commission parlementaire « Dieselgate » ?

Pour enfoncer le clou et le sortir définitivement de ses rêveries du matin, les informations de huit heures annoncèrent une nomination bien singulière :

Hilda Lindberg, une gamine de seize ans, venait d'être nommée « Ambassadrice de Conscience » par Amnesty International. Elle avait participé à la dernière marche sur le climat en prônant, à l'adresse de ses compatriotes, la suppression des voitures et des déplacements en avion. Ces sophismes lui assuraient les manchettes et des articles en première page des quotidiens progressistes comme Aftonbladet ou Dala-Demokraten. Elle avait fini par disposer d'une audience hebdomadaire au parlement suédois, sensible à ses grèves répétées de l'école, attendri par sa détermination, sous prétexte que l'enseignement apprend aux futurs citoyens la doctrine capitalisme, cause de la détérioration du climat.

« C'est absurde ! cet engouement qui revient en force sur l'écologie, se dit Anicet. Comment l'État va-t-il gérer cette nouvelle réaction passionnelle, alors que l'on vient de sortir de la crise des gilets jaunes ? » Carla, compatissante, s'approcha de lui en lui massant la nuque.

— Anicet, tu ne vas pas te ronger les sangs à cause d'une élection dont tu savais qu'elle était perdue d'avance et par la médiatisation d'une gamine de seize ans ! Démissionner pour rejoindre le parti à la manœuvre, c'est peut-être une bonne idée ?

— Mon Dieu ce mal de tête ! Le lemoncello ne fait pas bon ménage avec les vins français. Je n'ai pas assez de contacts dans ce nouveau parti. Mon seul point d'entrée c'est Delphine B. Je pourrais devenir comme elle, non affilié à un groupe politique. Elle est néanmoins très influente dans sa circonscription. Elle a même été réélue !

— Va voir Delphine, c'est une bonne idée !

— En réfléchissant, j'y pense, il y a également le ministre, ancien président de l'assemblée.

19 juin 2019 – Paris Assemblée Nationale et Ministère de l'écologie

Anicet Le Goff profita du mardi suivant, jour des questions au gouvernement, pour aborder le ministre de l'écologie. Il avait fait sa connaissance dans un contexte privé. Il avait rendu service à sa fille en lui conseillant un club renommé pour un séjour équestre. C'était peu, mais suffisant pour reprendre contact. Il se douterait bien que manifester un intérêt soudain pour sa famille avait quelque chose d'intéressé. Mais avait-il le choix ? Il souhaitait cependant, dans ce contexte de Bérézina post-électorale, que leur entretien restât discret. Il invita François de R. à le rejoindre à la rotonde Alechinsky où l'on pouvait s'entretenir sans crainte d'être abordé par les journalistes. En ce lendemain d'élections, les députés LR constituaient des proies de choix pour les médias.

— François, je souhaiterais rejoindre la majorité.

— Tu n'es pas le seul. J'en ai déjà croisé quatre ce matin qui sont dans ton cas ! Pourquoi ne fais-tu pas comme Delphine B. qui est maintenant députée indépendante ?

Il avait le beau rôle et savourait enfin sa fidélité sans failles envers l'écologie. Cela n'avait pas été sans mal, compte tenu des nombreuses bourdes de ses colistiers et autres députés du même bord.

— Je souhaiterais François, participer à l'élaboration de la nouvelle loi « climat énergie » que tu portes.

— Une rapporteure vient d'être nommée : Bertille de Montvallon. Tu la connais bien sûr. Je te propose que nous nous voyions ensemble dans un lieu plus approprié. Disons au ministère, boulevard Saint Germain, jeudi prochain ?

— D'accord. À jeudi.

Intrigué par cette nouvelle nomination, il voulut se renseigner au plus vite sur celle qui lui avait damné le pion.

Bertille de Montvallon était une jeune ambitieuse issue de l'ENA, parcours on ne peut plus classique. Elle avait été recrutée par LREM à ses débuts, et c'est sans aucune difficulté qu'elle avait été élue dans la troisième circonscription de la Haute Loire, où les candidats de valeur n'étaient pas légion. À l'initiative d'une nouvelle loi, elle détenait enfin son os à ronger car cette victoire des écologistes la propulsait sur le devant de la scène.

Anicet Le Goff les retrouva au lieu de rendez-vous convenu, boulevard Saint Germain, dans un bureau feutré, au mobilier moderne et à la vue très enviable sur les quais de Seine. La pièce était parée sur tout son périmètre, d'immenses photos signées, mettant en valeur des sites naturels préservés emblématiques, tels le cirque de la solitude en Corse, le Mont Bego et la vallée des Merveilles ou encore l'estuaire de la Somme. Deux chaises chromées faisaient face au bureau ministériel. Bertille de Montvallon s'entretenait avec véhémence avec le ministre. Ils s'aperçurent de la présence d'Anicet au détour d'un échange.

« Prenez place Anicet. Nous vous attendions ! Je vous présente Bertille qui a dorénavant la mission de rapporteure de la nouvelle loi climat énergie. »

C'est tout juste si elle se tourna vers celui qu'elle jugea comme un intrus et lui dégaina sans un regard, une poignée de main fulgurante. Il eut la désagréable impression que François de R. ne s'était pas concerté avec elle pour définir son rôle. Le tandem, attendait avec impatience ce qui avait mûri dans le cerveau de politicien de ce ministre. François de R. se servit un verre d'eau, prémices à une longue explication.

— Je ne vous apprends rien en vous confirmant que notre président ne fait pas partie du « Culte de Gaïa » en matière d'écologie. Sauf que l'accord de Paris est pour lui une incroyable opportunité !

— Culte de Gaïa ? Qu'est-ce que tu entends par là ?

— Oui, les adeptes du culte sont ces radicaux qui prônent avec surenchère, le battage médiatique que nous subissons aujourd'hui : la décroissance, la taxe sur la naissance du troisième enfant, l'arrêt total des véhicules individuels…

Le message de la France sur les droits de l'homme a perdu beaucoup de légitimité : les affrontements entre forces de l'ordre et gilets jaunes ont été retransmis sur toutes les télévisions du monde. L'accord de Paris est une nouvelle arme diplomatique que le Président ne se prive plus d'utiliser à l'envi. Tout le monde l'a signé. Cela en fait un argument de négociation redoutable ! Mais là s'arrête son intérêt pour l'écologie.

— Tu exagères François ! Ton explication est une caricature de la volonté de ce gouvernement, répliqua Bertille, à ce qu'elle considéra comme une attaque de sa mission.

— Oui, intervint alors Anicet. Pourquoi dans ces conditions lancer le chantier d'une nouvelle loi ?

— Il faut faire des concessions avec l'opposition et occuper le terrain, mais ne jamais aller trop loin dans les taxes pour ne pas remettre les gilets jaunes dans la rue. C'est la hantise du patron !

Vous savez, il a toujours dans la pochette de sa veste un bout de ce tissu jaune caractéristique. Dès qu'un ministre parle d'un nouvel impôt, il exhibe son morceau de tissu en lui annonçant droit dans les yeux : « Vous, vous êtes mûr pour une prochaine nomination à la préfecture de police de Paris !».

— Dans ce contexte délicat, je ne comprends pas la mission qui me serait confiée, fit Anicet, en regardant sa voisine qui acquiesçait.

— Chacun son rôle, avec le même niveau d'importance. Bertille, tu es en charge de l'élaboration du texte de loi. Toi Anicet, tu surveilleras ce milieu dogmatique et dangereux politiquement qu'est la mouvance écologiste. Elle devient maintenant incontrôlable : souvenons-nous de l'attaque du diesel. À l'examen des faits, il n'est pas plus polluant que l'essence. En réaction aux exigences des lobbys écologiques et médicaux, le gouvernement a adopté dans la précipitation cette lourde augmentation de la TICPE* sur le gazole en guise de taxe carbone. Résultat, sept mois de troubles et quatre milliards de dégâts pour le pays.

— Vous me confirmez qu'Anicet n'interviendra pas dans le texte de loi, demanda Bertille impatiente de partir à son ouvrage.

— Oui, fit le ministre sur le ton de l'apaisement.

** TICPE : taxe d'importation sur la consommation des produits énergétiques. Elle représente 65% du prix du carburant à la pompe.*

Vous voyez bien qu'il n'y a pas de source d'interférences dans vos rôles respectifs.

Je vous propose d'ailleurs pour agir en toute transparence, que nous fassions un point collégial tous les quinze jours.

— D'accord, affirma Bertille. Et elle se leva comme un ressort et tourna les talons.

Il s'ensuivit un long silence que le ministre mit à profit pour poursuivre son message à l'attention d'Anicet :

— Ta discrétion et ton audace lors de ta mission précédente, pour introduire un cheval de Troie dans l'organigramme du constructeur automobile national ont fait forte impression. Nous t'apprécions unanimement pour ce tour de force, Anicet.

Il te faut collecter des informations à jour sur les mouvements écologistes ici et au-delà de nos frontières, qui peuvent dégénérer et nous nuire, pour que nous puissions anticiper. Enfin, je te le dis comme ça : il y a une personne sur laquelle nous avons des soupçons. Il est la hantise du Président ; c'est le roi de la soudure.

— Pardon, un chaudronnier empêche le Président de dormir ?

— Chaque fois qu' EDF tente de réduire le délai de mise en route de notre EPR, il leur met des bâtons dans les roues. Je t'en parlerai plus tard. C'est la même technologie française, qui va être appliquée en Chine, au Royaume-Uni… mais qui va finir par être abandonnée en France. Il fulmine, tu imagines !

Pour conclure, nous avons besoin de quelqu'un qui enquête et nous dresse le tableau des acteurs majeurs de l'écologie : les influenceurs, les industries qui placent leurs pions, les gros bonnets, tout cela sur le plan international. Nous veillerons à ce que la loi et les amendements que Bertille prépare, ne nuisent pas aux intérêts français.

Voilà, tu sais tout. Tu as carte blanche. Tu vois, tu n'as pas besoin de rejoindre le LREM pour ça !

Cette fin de matinée agréable et l'issue de cet entretien, l'invitaient à poursuivre sa réflexion en marchant. Passée la porte cochère du ministère, Anicet Le Goff entreprit de remonter le boulevard Saint Germain, puis le boulevard Saint Michel. Il se dit en fin de compte que la proposition du ministre lui allait bien. Elle lui paraissait conforme à sa façon de travailler, dans l'investigation et dans l'action, plutôt que dans les discours et les coups de menton dans l'hémicycle. Son auto conviction lui fit accélérer le pas. En passant devant la Sorbonne, des rubalises délimitaient un périmètre couvert par les forces de police et coupaient la circulation. Une manifestation était en cours. Tambours, bannières du parti EELV ainsi que de la France insoumise, slogans. Une étudiante dénonçait haut et fort avec un porte-voix, l'inaction du gouvernement en matière d'écologie. La démission du précédent ministre était bien le signe que rien ne pouvait être entrepris sur la transition écologique sous ce quinquennat. Anicet Le Goff demanda à son voisin s'il connaissait le nom de la meneuse du mouvement.

— Oui bien sûr, dit-il. On ne connaît qu'elle ; c'est Emmanuelle de R.

— Vous voulez dire la fille du ministre ?

— C'est bien ça. C'est sûr, elle gêne ! Mais pour que les choses avancent, ce n'est pas plus mal. Nous, on est d'accord avec son message. Elle a pas mal de followers.

Anicet prit son smartphone et enregistra une courte vidéo de la porteuse du mégaphone, rythmant son discours de coups de talon répétés sur l'estrade. Il envoya le film à son père avec le message : « Es-tu au courant ? »

On parlait d'identifier les meneurs et les influenceurs adeptes du culte de Gaïa. Voilà un premier reportage sur le vif, fort à propos ! Le vibreur du smartphone d'Anicet le prévint du message en retour du paternel. « Je sais, les soirées familiales sont souvent animées ! »

Une fois chez lui, Anicet contacta l'agence DULUC de détectives privés, rue du Louvre, en précisant que dans un premier temps, il n'avait besoin que d'une enquête sommaire sur le milieu écologiste international. Il hésita, puis compléta sa demande :

— Ajoutez une demande de renseignements à propos du directeur de l'ASN, l'autorité de sûreté nucléaire.

— Son parcours ? Oui, c'est classique.

— S'il est marié, ses fréquentations, ses hobbys. S'il y a un angle d'attaque. Malgré sa fonction, ce type-là n'est certainement pas parfait.

— Bien compris Monsieur Le Goff. Comme la dernière fois, nous vous prévenons par un e-mail à la même adresse ?

— Oui. Je vous laisse deux semaines.

3 juillet 2019 – Paris, rue du Louvre , agence DULUC

Une fois n'est pas coutume, le rendez-vous avec l'agence DULUC n'avait pas été organisé selon les dispositions habituelles, à savoir dans un restaurant parisien. C'était jusqu'à présent, la meilleure et la plus agréable tradition, pour s'assurer de l'anonymat et de la discrétion lors des échanges d'informations. Mais le volume des données recueillies en si peu de temps dans cette affaire d'écologie et la suggestion de proposer des investigations sur le terrain justifiaient semble-t-il, de se rendre dans les locaux de l'agence.

Anicet Le Goff examina avec gourmandise la carte du restaurant La Dame de Pic, situé au pied de l'agence… et avec regret, avant de sonner à la porte. En cette fin de matinée, la pomme de ris de veau affichée au menu, lui tiraillait l'estomac d'envie. « Quelle tentation criminelle, se dit-il. »

Le détective qu'il avait contacté lui ouvrit. Pas de gilet, pas de cheveux gominés cette fois-ci, il n'était pas déguisé. Ils montèrent les escaliers et une fois entrés, le détective tira sèchement les rideaux de la pièce dans laquelle aurait lieu l'entrevue. Il y avait là un projecteur et un écran, prêts pour illustrer les informations collectées. L'exposé commença :

— Je tiens à vous prévenir tout d'abord que l'écologie est loin d'être un pays de bisounours. Derrière la transition énergétique agissent, sans que l'on en soupçonne l'importance et les stratégies, de grosses sociétés internationales qui ont pignon sur rue en Europe, en Chine et en Afrique.

— Jusque-là rien d'étonnant et d'inquiétant, me semble-t-il, intervint Anicet.

— Les sociétés en question font plusieurs dizaines de milliards de chiffre d'affaires par an. Les besoins en matières premières, en particulier le minerai de fer, équivalent à ce que l'Europe a extrait en un siècle. Ces sociétés, se sont organisées pour réserver et obtenir ces approvisionnements qui leur sont stratégiques comme certaines terres rares indispensables pour la production des aimants de génératrices. Savez-vous qu'il faut deux à trois mille tonnes d'acier pour fabriquer la structure de soutènement d'une éolienne marine ? Cela se rapproche de la technique des plateformes de forage.

— Vous êtes sûr de l'ampleur du besoin et des chiffres que vous annoncez ?

— Ce n'est pas moi qui le dit mais Olivier Vidal qui professe au Collège de France. Le budget nécessaire à la transition énergétique est équivalent à celui investi en Europe pendant les trente glorieuses ! Mais à cette époque-là, les États n'étaient pas endettés comme ils le sont aujourd'hui. C'est donc presque impossible à tenir. C'est pour cette raison que certaines entreprises et certains États s'organisent et jouent des coudes. Je ne vous apprends pas qu'en France nous sommes loin de faire face.

— Soyez plus précis, demanda Anicet Le Goff.

— Nous avons perdu une industrie stratégique : les turbines à gaz de forte puissance, au profit d'un Américain. Notre industrie nucléaire est en sursit. Les avenants devenus incontrôlables vont certainement mettre fin à la filière EPR.

Mais la raison principale qui nous a décidés à vous faire venir ici, c'est qu'il nous semble que la personne que vous nous avez indiquée, agit pour des sociétés étrangères très puissantes et organisées. Il n'est pas impossible qu'il soit une sorte de taupe qui cherche à nuire délibérément aux intérêts français.

— Qu'est-ce qui vous fait dire ça ?

— Il se rend régulièrement en Suède dans le Jämtland, à Ostersund précisément, ainsi qu'au Danemark à Fredericia. Au début, nous pensions que c'était pour s'adonner à son hobby : la plongée en eau profonde… Mais nous nous sommes vite rendu compte que ce n'était pas la raison. Ces localités bien que situées à proximité de fonds aquatiques profonds ne comportent pas de clubs de plongée.

Son profil Facebook indique que cette personne est en relation avec une certaine Katherin Parson, fille d'un milliardaire. Alors qu'elle était ministre il y a cinq ans, elle a fondé un consortium d'entreprises chargé du développement stratégique et de la coopération nordique. Vous allez me dire que tout cela n'a rien à voir avec les activités de contrôle des installations nucléaires, bien sûr. Nous pensons, mais tout cela reste à étayer et à prouver, que notre suspect travaille pour les intérêts d'entreprises concurrentes d'EDF, ce qui pourrait expliquer son zèle à freiner la mise en route de l'EPR.

Le détective extirpa son smartphone de sa poche, visiblement pour faire venir quelqu'un. Une jeune femme de type oriental entra dans la salle et s'assit en face de Le Goff. Les yeux d'un noir profond, les cheveux tirés en arrière, elle portait un tee-shirt banal qui laissait paraître ses biceps saillants. Elle était vêtue également d'une sorte de pantalon en treillis et de baskets. Pour résumer, une sorte de Lara Croft lui faisait face.

— Je vous présente une de nos assistantes : Reem Kertali. Nous pensons maintenant qu'il faut aller plus loin dans nos investigations et vérifier sur le terrain, tout ce que je vous ai dit. D'abord au Danemark où se concentrent les entreprises dont je vous ai parlé.

Reem Kertali ouvrit enfin la bouche pour se présenter, d'une voix très douce, qui contrastait avec son physique de baroudeuse. Elle avait 32 ans et s'était engagée dans l'infanterie de marine. Elle avait rejoint l'agence DULUC deux mois auparavant. Cerise sur le gâteau, cette jeune femme avait décroché un titre de championne de boxe régionale. Cela expliquait ses biceps. Le représentant de DULUC reprit ses explications :

— Il faut quelqu'un d'agile et d'aguerri pour tirer l'affaire au clair à propos de cette supposée taupe. Reem ira sur place pour enquêter. Enfin la confidentialité impose que vous soyez en communication cryptée en permanence avec elle. Nous proposons que Reem soit officiellement votre assistante parlementaire. Vous procéderez pour la façade à son recrutement. Nous lui ferons un faux CV approprié.

Anicet était perplexe, l'imaginant pénétrer dans la salle des pas perdus de l'assemblée dans cette tenue. Elle n'avait en rien l'apparence d'une assistante de député. Elle devina ses pensées.

— Monsieur Le Goff, vous ne semblez pas convaincu du degré de mon implication dans cette affaire. Attendez cinq minutes. Je reviens.

Elle quitta la pièce prestement et réapparut attifée comme une ministre, chignon, lunettes de jeune énarque, tailleur et escarpins vernis. Elle poussa même la mise en scène en arborant sous le bras une mince serviette en cuir noir… pour les dossiers.

— Impressionnant, fit Anicet. Vous m'avez convaincu.

En sortant de l'agence, il en oublia même les ris de veau de la Dame de Pic.

Deux semaines plus tard, la réunion trilatérale proposée par le ministre se déroula sans Bertille de Montvallon. Elle trouva un empêchement de dernière minute, prétextant pour ne pas venir des propositions d'amendement à étudier en urgence. En fait, elle avait la forte impression que François de R. et Anicet le Goff se connaissaient et que son ministre de tutelle lui était redevable sur une affaire qu'elle ignorait, pour lui offrir une sorte de job de compensation. Ce n'était d'ailleurs pas trop éloigné de la réalité.

Sans avoir de preuves, il confirma à François de R. qu'il y avait des rumeurs à propos des déplacements à l'étranger, du directeur de l'autorité de sûreté nucléaire. Un détail intéressant : on a appris que ce dernier pratique la plongée en eau profonde. Il paraît que c'est un sport assez dangereux.

« De mon côté, dit François, j'ai commis une indiscrétion vis-à-vis de ma fille. J'ai récupéré ces informations sur son PC qu'elle n'avait pas fermé. » Il lui tendit une enveloppe. « C'est une invitation nominative, sympa en apparence, pour une réunion d'écologistes en Cappadoce. Je suis sûr qu'une fois sur place, on peut y trouver une mine d'informations sur les personnes influentes du milieu écologiste extrémiste. Il faudrait bien sûr se débrouiller pour que vous puissiez figurer sur la liste des invités, ou votre charmante assistante que j'ai aperçue. Dans le fond, ce n'est pas plus mal que Bertille n'ait pas entendu tous nos échanges ! »

20 juillet 2019 – Cappadoce , Turquie

Reem, la nouvelle assistante parlementaire prit ses quartiers dans le bureau d'Anicet. Un lieu exigu auquel elle n'attacha pas grande importance. La buvette de l'Assemblée, lieu de captation des ragots, était en revanche plus intéressante. Elle y retournait régulièrement pour identifier les tribuns qui y avaient leurs habitudes et qui ne pouvaient s'empêcher de commenter l'actualité du moment en cassant du sucre sur le dos des députés de l'opposition. Anicet Le Goff lui remit l'enveloppe qui tenait lieu pour elle d'ordre de mission et qu'il venait de recevoir des mains du ministre. Elle l'ouvrit pour en extirper une carte dressée à main levée, un petit bout de papier avec un dessin cabalistique et enfin quelques lignes manuscrites indiquant le lieu et l'heure du rendez-vous pour une réunion initiatique, signé d' Hilda Lindberg. Celle-ci se déroulerait en Turquie dans la région de Cappadoce. La carte indiquait la basilique troglodytique où aurait lieu la cérémonie ainsi qu'un village, Zelve, où les invités étaient attendus pour faire connaissance avant la cérémonie proprement dite. Elle se demanda, comme ce choix de la Turquie était curieux. Ce pays n'avait pas la réputation d'être proactif dans la lutte contre l'effet de serre. Et puis Reem n'était en rien inspirée par le retour à l'orthodoxie musulmane que prônait la Turquie.

— Pourquoi la Turquie ? Ce n'est pas un pays particulièrement marquant pour l'écologie.

— La Turquie est un pays biblique. Elle y a vu Paul de Tarse et surtout Marie, qui a vécu ses dernières années à Éphèse. Les premiers chrétiens y pratiquèrent leur religion avant même qu'il fût question de Rome. J'imagine, dit Anicet, que L'Écologie a choisi ce symbole à dessein.

— Vous croyez ?

— Les églises troglodytiques sont extrêmement évocatrices de la ferveur des premiers chrétiens. On ne retrouve cette impression de lieu habité par l'Esprit Saint que dans de très rares églises, comme celle de l'Abbaye de Saint Michel de Cuxa en Catalogne et pas du tout à Rome, qui a le statut de siège ecclésiastique et pas celui de l'inspiration divine de la foi catholique.

Reem Kertali prit son billet pour Ankara. Elle trouverait bien un bus sur place qui l'emmènerait à Gorëme, lieu de départ des excursions en Cappadoce. De bonnes chaussures et une boussole pour tout équipement, tout cela ferait l'affaire ! On lui indiqua de prendre la direction d'Avanos pour se rendre à Zelve, tout en lui précisant qu'il s'agissait d'un village abandonné inhabitable. Pour les gens du coin, c'était donc incongru de s'y rendre. Avec son chapeau sur la tête, ses lunettes noires et son short, elle avait l'air de la parfaite touriste. Aussi n'était-il pas étonnant qu'elle soit abordée par de nombreux faux guides pour lui proposer une visite, une excursion, voire un tour en montgolfière ! Elle lâcha ces parasites par des accélérations dans sa marche et se retrouva dans cette vallée flanquée de reliefs fantomatiques qui ressemblaient plus à des mottes de beurre géantes qu'à des érections minérales naturelles. Certaines présentaient des traces d'habitation. Des anfractuosités géométriques témoignaient qu'elles avaient été creusées par la main de l'homme. Le site de Zelve se découvrit enfin, abrité par une énorme plateforme en surplomb. Elle pénétra dans ce qui semblait être une sorte de hall d'accueil. Un comptoir de réception moderne et dépouillé y avait été installé. Un homme en livrée lui sourit.

— Madame ?

— Kertali répondit Reem en lui tendant son passeport. Je suis Française.

— Suivez-moi, je vais vous indiquer votre chambre.

Ils sortirent du « hall », pour longer la paroi dans laquelle étaient creusées de nombreuses ouvertures en guise de fenêtres ainsi que des marches d'escalier, taillées à même la roche, pour accéder aux pièces les plus élevées. Enfin, il écarta un lourd rideau de laine et dit : « C'est ici », en lui montrant les très rares commodités du lieu. Il n'y avait pas de fenêtre pour occulter cette « chambre ».

La seule ouverture donnait directement sur l'extérieur. Le vaste lit recouvert d'un plaid tissé, issu de l'artisanat local, avait l'air confortable. En guise de salle de bains, une pomme de douche alimentée par un tuyau en plastique surplombait un caillebotis. Le tout était caché par une sorte de paravent, constitué d'une étoffe tissée, identique à celle du plaid. La lampe de chevet qui émettait une lumière blafarde constituait le seul équipement moderne de cette grotte aménagée.

— C'est très sommaire, fit Reem.

— Cela a été voulu comme ça par l'Organisation. La dépense énergétique est réduite au strict minimum. Ainsi l'empreinte carbone de cet hôtel est nulle.

— Comment ça se passe l'hiver ?

— Ce n'est pas prévu pour être habité l'hiver. Une fois la saison terminée, tout sera remis dans l'état initial pour ne pas spoiler ce site magnifique. C'est la raison pour laquelle il n'y a pratiquement pas de meubles hormis l'indispensable.

— Et qui est cette « Organisation » ?

— C'est une société étrangère. Je crois danoise ou suédoise. Elle s'appelle « Dang », je crois. Le responsable de la communication de cette société est venus il y a deux mois pour chercher un site troglodyte. Ici, ça lui a plu tout de suite. Il a payé cash une grosse somme d'argent pour faire nettoyer toutes les grottes et les aménager au minimum avec du mobilier artisanal local. Je vous ferai signe pour le dîner.

Reem Kertali s'allongea sur le lit avec un bouquin. Elle profita de la douce fraîcheur de cette anfractuosité minérale et s'endormit.

Des bruits en contrebas trahissaient un début d'activité. L'organisation du dîner peut-être ? Quelques rares employés s'affairaient à dresser des planches sur des tréteaux en guise de tables et à installer des bancs pliants. Elle chercha dans son sac à dos ce qui pourrait constituer une tenue de soirée en accord avec ce décorum. Un pantalon sport ferait l'affaire et elle remit ses escarpins dans le sac.

Un groupe s'était déjà formé près des tables. Tout ce petit monde discutait en anglais ainsi que dans une langue gutturale qui semblait d'origine nordique. Un paysan qui tirait un âne bien chargé se dirigea vers eux. Il déposa sur une des tables deux gros ballots de nourriture. « Notre dîner peut-être, se dit-elle ? » Un employé sortit du hall par lequel Reem s'était signalée en arrivant. Il dressa les tables avec des dessous-de-table en papier sur lesquels il déposa des gobelets individuels et des assiettes en carton recyclé. Pas de couverts et pas d'assiettes pour ne pas consommer d'eau inutilement et polluer la nature avec un détergent. Les victuailles apportées à dos de mulet furent disposées sur chaque table. Ils s'agissaient de pide, sortes de grandes crêpes épaisses garnies d'herbes et de légumes en pâte à pain, de beyaz penir, le fromage de chèvre local et de bouteilles de raki.

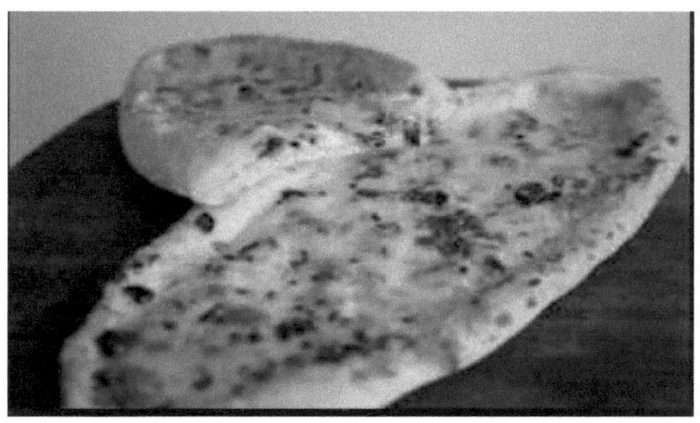

L'employé apporta en complément des bouteilles d'eau fraîche. L'alcool était-il là pour encourager les conversations ?

Il y avait parmi les invités, des personnalités que Reem Kertali ne connaissait pas, y compris celles qui visiblement étaient françaises. Un homme cheveux poivre et sel l'aborda en se présentant :

— Xavier Cochet, président de l'association de la « collapsologie », autrement dit, des « effondristes » dit-il en observant avec perspicacité qu'elle ne saisissait pas l'existence de cette confrérie.

— Désolée de vous froisser, répondit-elle. Je n'ai jamais entendu parler de cette association.

— C'est normal, elle est récente et donc pas encore très connue, sauf par nos détracteurs philosophes. Nous ne sommes pas aussi optimistes que ceux qui militent pour la transition énergétique et dont les représentants sont nombreux ce soir. Nous ne croyons pas que les modifications du climat puissent être maîtrisées par l'homme, quoiqu'il fasse. Nous prévoyons la fin de l'humanité au plus tard en 2025.

— Carrément !

— Oui, nous sommes au-devant d'une crise financière mondiale qui peut se déclencher à tout moment. Il s'ensuivra famine, guerre, anéantissement du capitalisme et finalement l'effondrement de l'humanité, d'où le qualificatif « d'effondrisme » de notre groupe de militants écologistes radicaux.

Vous n'avez pas l'air de me croire ? Je connais le monde. J'ai même été ministre ! Mais vous ne vous en souvenez pas, c'était il y a plus de vingt ans.

Nos deux interlocuteurs francophones s'assirent autour d'une table et furent rapidement rejoints par d'autres. Une jeune écrivaine connue pour son dernier livre « la philosophie du fromage de chèvre » vint vers notre groupe. Elle était dans le ton avec ses cheveux filasse en tunique de bure et ses sandales de cuir. Elle était enchantée par les lieux :

— Quel cadre pour notre réunion d'adeptes, quel dénuement ! Cela correspond à mon idéal. Ici pas de route, pas de voitures, pas d'équipement ménager vorace en énergie. Le retour à la nature tel que le prêche notre jeune prêtresse !

— Ah, et qui est la prêtresse ? se risqua Reem.

— Nous ne pouvons pas prononcer son nom tant que la cérémonie de son intronisation n'a pas eu lieu. Vous verrez, elle sera bientôt célèbre. Elle a une vision, un discours percutant qui fédère.

— C'est parce qu'elle incarne une cause divine, fit une jeune femme qui sans le demander, s'assit à leur table. Emmanuelle de R., se présenta-t-elle. Je suis de tous les combats et suis présente à toutes les marches pour le climat !

— Emmanuelle de R. questionna Reem Kertali. Ne seriez-vous pas de la même famille que notre ministre ?

— Si. Et l'exemple de mon père me désole chaque jour. L'action du gouvernement en faveur du climat est si minime ! Rien de concret n'a été fait. Il faudrait un gouvernement du monde qui impose ses directives dès maintenant aux États et les sanctionne s'ils sont en infraction. Il y a une telle urgence !

Un homme qui venait de rejoindre le groupe voulut intervenir.

— Un gouvernement du monde pour l'écologie… Nos détracteurs vont nous dire que pour nous, cette cause est plus essentielle que la paix, que l'éradication de la misère, que la fin de l'oppression des peuples par les dictatures. Ces objectifs portés par les droits de l'homme sont déjà presque utopiques. Il faudra parcourir un long chemin pour que les politiques changent d'idéal et abandonnent leurs responsabilités à un gouvernement mondial, même si celui-ci devait se limiter à l'écologie ? Il faudrait des élections. Sinon comment serait-il légitimé ? On nous traite d'idéalistes, mais nous y croyons. Le mouvement est lancé !

— Nous avons signé l'accord de Paris ! C'est un début et il nous légitimise.

Les débats étaient bien engagés. L'employé leur apporta la deuxième ou la troisième bouteille de raki, on ne savait plus. Plus personne n'était apte à faire des comptes exacts. Emmanuelle présentait une légère tuméfaction à la joue droite. Elle expliqua qu'il y avait eu quelques échauffourées lors de la dernière manifestation à Berlin à laquelle elle avait pris part. Estampillée lors de quelques heurts avec les forces de l'ordre, elle était convaincue que son père n'avait aucune latitude d'action avec le gouvernement actuel. Elle avait décidé de s'engager dans le militantisme écologique le plus extrémiste. Elle répondit à l'inconnu qu'elle préparait une thèse sur les impacts sociologiques engendrés par la transition énergétique. Elle avait été remarquée par les médias en raison de son adhésion au nouveau mouvement radical « Accélérons », fondé par Mathieu Orphelin. Elle était donc militante d'un mouvement concurrent d'EELV auquel appartenait son père. Cette particularité lui valut d'être invitée par France Culture où elle avait argumenté sa doctrine : arrêt de la croissance, éradication du capitalisme financier, interdiction des transports individuels, de l'avion, retour à la terre, arrêt total du nucléaire, limitation de la population en imposant une taxe au troisième enfant etc..

Abreuvée d'incantations, Reem Kertali vit qu'elle n'apprendrait rien de plus avec ce groupe et se mit à l'écoute d'échanges en anglais provenant de la table voisine où les propos semblaient plus apaisés. Elle prit son verre d'eau limpide, c'est-à-dire exempt de raki (jamais pendant le service) et changea de place pour s'installer parmi eux. Un jeune homme aux lunettes d'écaille qui avait visiblement l'écoute et l'adhésion inconditionnelle du groupe s'interrompit.

— You're welcome . Ingmar Rentzhog from Sweden, se présenta-il.

— Reem Kertali, France, assistante parlementaire, groupe EELV. Elle bluffait car elle était apparentée au groupe LREM.

— That's interesting ! Please let's join us.

Une journaliste Suédoise qui se prénommait Inge, offrit à voix basse de présenter à Reem plus en détail, les personnalités qui débattaient. Elle voulut savoir si elle participerait le lendemain à la cérémonie. Elle fut très enthousiaste à la réponse affirmative qu'elle reçut :

— Oh, that's great. I will provide you with all the details about this new mass.

— I am surprised. You are talking about a mass and I didn't see any priest ? répondit Reem.

Inge expliqua qu'il s'agissait d'une nouvelle religion. Ils se réunissaient pour communier ensemble sur la façon de sauver l'humanité un peu comme les premiers chrétiens troglodytes. Elle poursuivit sur la présentation de Ingmar Rentzhog. « C'est une personnalité très importante chez nous, dit-elle. Il a fondé une start-up en 2018 appelée « we don't have time » et anime maintenant un « think tank » sur le climat. À ce titre, il a été invité à Davos où il a fait intervenir une jeune fille particulièrement persuasive : Hilda Lindberg. Elle a laissé une forte impression. Nous la verrons demain ». Reem Kertali se dit que la meilleure chose à faire consistait à récupérer la liste des invités pour étudier le pedigree de chacun, une fois retournée en France. Elle mit à profit la nuit tombée et la consommation de raki presque à jeun des invités pour s'éclipser, afin de dérober cette liste. Elle se tint à l'affût derrière l'ouverture de la grotte qui tenait lieu de hall. L'employé ne voulait pas décoller de son pupitre. Elle se remémora alors une feinte qu'elle pratiquait à la boxe et s'administra un coup sec dans le nez qui se mit aussitôt à saigner abondamment. Elle entra avec fracas en demandant de l'aide au maître d'hôtel, la tête basculée en arrière. Celui-ci ne put que lui proposer l'une des deux chaises de la réception.

— Pamuk, pamuk, demanda-t-elle en turc.

— Bir daka. Otur lutfen ! insista-t-il pour qu'elle patiente, le temps qu'il trouve le morceau de coton demandé.

Il partit dans une grotte voisine en appelant pour qu'on lui apportât la trousse d'infirmerie.

Reem se bourra le nez avec le vieux kleenex qui traînait dans sa poche et fouilla le comptoir, pour mettre enfin la main sur la fameuse liste. Elle vérifia qu'elle n'y avait laissé aucune trace de sang par inadvertance. C'était OK, et elle se rassit sur son siège en débouchant d'un coup son nez. Le sang se répandit alors abondamment sur sa chemise et sur le tapis au moment même où l'hôtelier réapparut avec un énorme morceau de coton qu'il lui appliqua sans ménagement sur le visage. Pendant cette séance de soin rustique, qui finalement allait bien avec le lieu et le contexte, elle se dit en elle-même qu'elle avait fait peut-être une erreur avec son stratagème. Ce sang qu'elle avait répandu, quel échantillon idéal d'ADN pour la confondre, au cas où !

Elle décida de se coucher. Elle perçut depuis son lit que les discussions se poursuivaient, le raki aidant, avec de moins en moins de participants mais de plus en plus virulents. À la fin, il n'y en avait plus que deux qui continuèrent tard dans la nuit.

La vallée d'Ilhara, rectiligne et étroite était dominée sur sa gauche par une falaise rosée, illuminée par le soleil du matin. Après une demi-heure de marche, la vallée se resserrait. Il n'y avait plus que l'ombre au travers d'une végétation qui s'accrochait avec persévérance aux flancs des reliefs. Les cailloux avaient laissé la place à du sable fin, d'un blanc crème très pur. Peut-être s'agissait-il de l'ancien lit d'une rivière ? Enfin le petit groupe de marcheurs aboutit à l'entrée d'une anfractuosité naturelle creusée dans la falaise blanche. Deux hommes moustachus demandèrent à Reem Kertali son laissez-passer.

— Quel laissez-passer ?

— Vous ne pouvez pas rentrer sans le symbole. Dirent-ils sans le moindre rictus ou signe de bienvenue.

— Ce doit être ça, se souvint-elle.

Et elle sortit de sa poche ce bout de papier déjà très chiffonné et taché de sang sur lequel figurait le trigramme de Bagua. On l'invita alors à pénétrer dans le sanctuaire en empruntant, en guise de marches, des sortes de nids à pigeons creusés à même la paroi. Ayant atteint le sol et en se retournant, telle ne fut pas sa surprise de découvrir une basilique dont les colonnes, les voûtes et le dôme étaient creusés dans la roche. Beaucoup d'adeptes étaient déjà réunis. Reem sélectionna du regard Inge, la personne près de laquelle elle se tiendrait et avec qui elle avait sympathisé la veille. Elle lui fournirait sans restriction toutes les informations qu'elle recherchait.

Il émanait de son expression une ferveur certaine. La guide rêvée pour comprendre le rituel. Elle la colla en justifiant son geste par un « Excusez-moi ». La réponse lui vint en anglais avec une pointe d'accent nordique. « Inge, journalist. We already met, don't you remember ?» « Danoise ou Suédoise ? » se demanda-t-elle.

Reem lui répondit par un sourire doublé d'un « bonjour » et poursuivit en anglais. Elle assistait pour la première fois à ce cérémonial et avait besoin d'explications. Elle avait vu juste.

La journaliste ne put s'empêcher d'étaler sa science et d'anticiper toutes les questions. Un groupe de huit femmes sortit d'une anfractuosité. L'une d'elle déposa une urne au milieu de l'espace libre sous le dôme. Les autres se placèrent en cercle autour de l'urne. Une sorte de gong retentit pour signifier le début du rituel. Les huit femmes, drapées d'une toge, telles des vestales, entamèrent un déplacement circulaire en croisant et décroisant les jambes et en effectuant des sortes de moulinets avec leurs bras. Elles commencèrent des incantations en anglais, reprises en chœur par l'assistance. À certains moments, les vestales se faisaient face et stoppaient leur progression. Les paumes des mains ouvertes et tournées vers le ciel, elles expirèrent en même temps un râle grave qui fut aussitôt repris par les spectateurs. Ma voisine m'expliqua qu'il s'agissait du Zhang, cri du grand maître originel que l'on devait produire assis en lotus, les paumes des mains grandes ouvertes et tournées vers le ciel. Puis les huit femmes se relevèrent et poursuivirent leur marche en cercle selon un rythme fluide et continu.

Rccm exprima son étonnement à l'initiée. Elle avait remarqué qu'elle avait aussi un tatouage sur le poignet dont le graphisme était identique à celui de son laissez-passer.

— Comment se fait-il qu'il n'y ait pas un prêtre ou une personne au centre de la danse ? Pourquoi cette urne ?

Inge lui répondit que ce n'était pas prévu comme ça et que son absence était une grande déconvenue pour les fidèles. Il devait y avoir la prêtresse à la place de l'urne.

L'amie de la veille se sentit obligée de fournir une explication qu'elle avait gardée jusqu'à maintenant sous silence : la prêtresse refuse de se déplacer en avion. La dernière fois qu'elle s'est rendue en Pologne pour la COP 24, le train a mis 32 heures pour rejoindre Varsovie. Ingmar Rentzhog, a essayé de la raisonner pour qu'elle vienne à Ankara en avion. Mais elle a refusé. Il a fait le calcul du temps de trajet en train entre Ostersund en Suède et Avanos. Ingmar, l'a estimé à au moins soixante heures ! Elle n'a rien dit sur le moment. Mais cela a dû la dissuader de venir pour cette cérémonie. Selon lui, elle juge plus utile de se concentrer sur la visite de chefs d'États étrangers, plutôt que de mettre au point le rituel emprunté à Bagua Zhang, maître des arts martiaux orientaux.

— Ingmar Rentzhog, c'est un peu son mentor ? questionna Reem.

— Oui. Il l'a repérée lors d'une grève spontanée de lycéens en faveur du climat. D'autre part, il connaît les parents d'Hilda, qui adhèrent, eux aussi, aux idées d'Ingmar.

Nantie de sa liste et de ces renseignements, Reem Kertali boycotta à son grand regret, le tour en montgolfière dont elle rêvait, pour rentrer rapidement à Paris. Et puis brûler tout ce propane pour un simple plaisir des yeux, ce n'était pas écologiquement compatible…

6 aout 2019 – Paris, bureau de l'Assemblée Nationale , ministère de l'écologie

Notre assistante parlementaire n'avait que deux jours pour éplucher ligne à ligne la liste qu'elle avait dérobée et pour récupérer le maximum d'articles de presse sur Ingmar Rentzhog. Elle se dit que quelqu'un capable de faire intervenir une gamine de seize ans au forum de Davos méritait à lui tout seul qu'on lui consacre une investigation approfondie. À son propos, elle déroula la pelote.

Reem lut dans le quotidien suédois Aftonbladet que Rentzhog avait repris à la demande de sa fondatrice, l'ancienne ministre Katherin Parson, une start-up appelée « Global Humanity ». L'ambition de ce réseau social consistait à réunir jusqu'à 100 millions de « followers », dont les très influents membres de la communauté « Global Shapers » du forum de Davos. Les familles Rentzhog et Parson se connaissaient. Elles étaient toutes deux originaires d'Ostersund. Le père de Katherin Parson, Sven Olof Parson était une figure régionale qui avait fait fortune initialement dans l'industrie du bois. Il avait poursuivi dans la finance en créant une banque d'affaires et comptait dans les années quatre-vingt-dix parmi les plus grosses fortunes de Suède. Cette position sociale et son établissement financier ont certainement aidé à ce que sa fille, lorsqu'elle était ministre, fonde et dirige un groupement des grandes entreprises suédoises et danoises du secteur des énergies renouvelables, parmi lesquelles Oersted, le plus grand fabricant d'éoliennes off-shore, la plupart des aciéries suédoises, la plus grosse compagnie mondiale de messagerie maritime ainsi qu'une compagnie minière, en lien avec le BRGM*. Cette dernière annonçait qu'elle avait découvert un nouveau gisement de terres rares prometteur au nord du Jämtland. Les dirigeants de ces compagnies se réunissaient régulièrement, soit à Ostersund soit à Fredericia au Danemark, siège de la compagnie Oersted. Ces entreprises avaient un point commun : leurs faramineux besoins en matières premières comme le minerai de fer, le cuivre, le néodyme et le samarium, nécessaires à la constitution des aimants des génératrices d'électricité.

Institut Français. Bureau des Recherches Géologiques et Minières

Ces besoins étaient tels que ce groupe était en relation étroite avec la compagnie chinoise Shenghe Resources Holding, propriétaire du seul gisement mondial de terres rares en exploitation.

La liste dérobée en Cappadoce, outre celui d'Emmanuelle de R., fille du ministre français, comportait les noms de personnes adeptes de la décroissance comme celui de l'ancien ministre Xavier Cochet avec qui Reem avait échangé mais aussi ceux du mouvement des effondristes qui voyaient poindre la fin du capitaliste, comme Pierre-Henri Castel dont la devise : « L'avenir porte le visage de la mort », n'était pas sans rappeler l'apocalypse, ou encore d'Aurélien Barrau et de Pablo Servigne, fort bien vus des médias, et des leaders d'opinion des pays du nord ainsi que beaucoup de militants antinucléaires, particulièrement en provenance d'Allemagne. La liste ne comportait pas de personnalités du monde économique. Deux noms avaient été rayés de la liste. Peut-être parce qu'ils avaient renoncé à venir au dernier moment ? Parmi eux, il y avait celui d'Hilda Lindberg.

Bertille de Montvallon se rendit au ministère pour la deuxième réunion tripartite. Sa présence résultait-elle d'un rappel à l'ordre du ministre ? Sans doute. Elle semblait cette fois plus détendue.

François de R. la laissa commencer. Elle énuméra l'ensemble des amendements demandés par l'opposition écologiste en matière de fiscalité dans le cadre de la nouvelle loi climat énergie : une litanie de taxes sur les billets d'avion, le transport par camion, les passoires thermiques, et puis cerise sur le gâteau, elle évoqua l'arrêt des centrales nucléaires dans un horizon beaucoup plus rapide que prévu. Bertille de Montvallon semblait tenir face à ces attaques , ce qui soulageait le ministre. L'arrêt accéléré des centrales semblait être sa monnaie d'échange face aux revendications des écologistes. Dans le même temps, François de R. chercha sur son smartphone la photo du Président arborant le bout de tissu jaune qui lui servait de piqure de rappel. Mais il se ravisa de la lui montrer pour éviter son courroux.

« L'écologie doit être un art du possible et du compromis et non une morale de pureté », rappela le ministre pour servir de transition et donner la parole à Anicet Le Goff.

Une fois Bertille de Montvallon partie, le ministre se pencha vers Anicet et lui dit à voix basse :

— Il faut absolument que vous établissiez le lien entre le directeur de l'autorité de sûreté nucléaire et ce groupement d'entreprises nordiques qui me semblent extrêmement organisés. C'est là qu'est la clé de l'affaire. Je l'ai déjà dit, la France est des plus vulnérables, avec un EPR qui bat de l'aile et depuis trois ans on a perdu les turbines à gaz.

— Cela va demander un peu de temps. Il faut se rendre sur place et le prendre la main dans le sac, car il est très prudent et évite tout commentaire sur les réseaux sociaux.

— Mais faites Anicet, faites ! Bertille était détendue, c'est positif ! Nous voyons bien maintenant que vos périmètres sont bien distincts. Ce qui me fait ch… C'est que comme tous les écolos et socialos, elle ne peut s'empêcher de casser du sucre sur le nucléaire. Savez-vous que 60% des étudiants de Science Po et de l'ENA croient dur comme fer que l'industrie nucléaire émet des gaz à effet de serre ?

— Oui j'ai lu cette information. Cela concorde avec l'opinion des Français, qui sont, paraît-il, en majorité contre ce type d'énergie .En revanche, de façon hypocrite, ils ne sont pas pressés de voir le démantèlement du parc de centrales. Je me souviens de Brice Lalonde, cette figure de la lutte antinucléaire, qui de son poste de conseiller spécial aux énergies renouvelables aux Nations Unis, défend maintenant le nucléaire contre les centrales à charbon des Allemands. Nous oublions un peu vite qu'avec son coût au kilowattheure très bas, nos voisins européens nous l'envient.

— Au revoir Anicet. J'attends avec impatience des nouvelles de votre part qui vont nous permettre d'avancer.

Anicet descendit le Boulevard Saint Germain à pied en direction l'Assemblée et, absorbé par ces pensées, il ne se rendit pas compte tout de suite qu'il y avait quelque chose d'anormal. En traversant, il reçut en pleine figure une bouffée de chaleur d'une intensité inhabituelle. Instinctivement il pensa à un incendie. Mais rien - tout était normal. Des cyclistes remontaient tranquillement le couloir de bus les yeux rivés sur leur smartphone, les embouteillages en cette fin d'après-midi avaient quelque chose de familier. Il se rappela alors l'annonce tonitruante de France Inter : canicule, canicule ! On s'apprêtait à franchir un record de température à Paris. En s'épongeant le front avec sa manche, il consulta à son tour son portable. La température de 41,5 °C s'afficha…

Dégoulinant de sueur, il entra dans son bureau et y trouva son assistante en train de scruter sur son écran des annonces touristiques sur la Laponie suédoise.

— Vos projets tombent à pic, dit-il. Il fait plus de 41 °C dehors. Une température qui vous est familière ! Un choc thermique contre le mal du pays.

— Vous savez Monsieur Le Goff, cela fait très longtemps que j'ai quitté ma Jordanie natale. Je ne suis pas plus habituée que vous à cette fournaise.

— Reem, je viens de voir le ministre. Il s'impatiente. Il faut bouger !

— Justement, j'envisageai d'aller à la rencontre des responsables du développement stratégique de la coopération nordique. J'hésitais entre Ostersund et Fredericia. Je pense finalement que je vais me rendre au Danemark. Fredericia est une petite ville de cinquante mille habitants avec un opéra et un centre de thalassothérapie haut de gamme. Immanquablement je devrais tomber sur Chris Andersen, vous ne pensez pas ? À moins que j'y trouve sa femme au club équestre. Je prends mes billets ?

— Oui, allez-y Reem. Ne tardez pas, dit-il.

— Voilà je viens de réserver le billet pour Copenhague. Attendez-vous à une note de frais astronomique !

Il retourna dans l'hémicycle pour participer aux débats sur la nouvelle loi « climat énergie » et pour soutenir sa collègue au cas où les coups de boutoirs de l'opposition le nécessiteraient. Bertille de Montvallon fut en effet quelque peu chahutée. Chacun sa place. Mais dans la circonstance, il ne l'enviait pas. Ce projet de loi l'exposait et elle prenait à cœur d'aboutir. Les députés de la France Insoumise avaient revêtu de concert, un keffieh sur la tête, au moment où elle avait abordé l'amendement sur la transition énergétique, en chantonnant « canicoule, canicoule ! » Sur un air latino. Ambiance…

François de R. était présent également pour soutenir sa rapporteure. Au sortir de l'hémicycle, il retrouva Anicet Le Goff. Il lui demanda de s'entretenir avec lui dans son bureau.

— Vous êtes seul ? demanda-t-il par précaution.

— Oui, mon assistante doit être partie pour Roissy à l'heure qu'il est. Elle se rend à Fredericia pour espérer rencontrer le patron d'Oersted.

— Bien, bien.

Le bureau était vide. Ils s'assirent face à face et le ministre fit part de l'exaspération du « Patron » à propos du directeur de la sûreté nucléaire. « Il a remis ça. Vous n'avez pas entendu ce matin aux infos ? La mise en service de l'EPR est repoussée à nouveau de trois ans ! Vous rendez-vous compte ? Ce sera après la fin de son mandat !»

Il se trémoussa pour extraire une enveloppe de sa veste. Il la posa sur le bureau. Anicet s'en saisit et ouvrit la lettre.

— C'est un ordre de mission ultra-confidentiel. Il est signé de la ministre des armées.

— Je ne comprends pas, dit Anicet Le Goff. Pourquoi en suis-je le destinataire ? pourquoi ne pas faire appel à la DGSE pour ce genre de besogne ?

— Toujours le secret. Nous sommes arrivés à la conclusion, vu le temps perdu et le nombre de milliards déjà dépensés, qu'il fallait agir maintenant et écarter ce gêneur par tous les moyens. Il est grand temps que nous maîtrisions maintenant la chaîne de décision sur la filière nucléaire, qui est notre principale chance de salut.

— Justement cette démarche est prématurée. On n'a pas de preuves !

— Le Président privilégie maintenant l'urgence. Pour lui, les preuves… c'est presque secondaire. Du moment qu'il s'agit d'un accident. Si on apprenait que cette élimination était l'œuvre du gouvernement, je n'ose pas penser aux articles incendiaires de Media part. Cela ferait sauter tout l'exécutif ! Et puis l'État se méfie des capacités de discrétion de la DGSE. Les exploits des barbouzes du « Rainbow Warrior » restent dans la mémoire collective, au firmament des désastres français comme l'offensive du général Nivelle au Chemin des Dames.

On m'a donné ce contact, dit François de R. en baissant la voix à la limite de l'inaudible. Il faudra le rencontrer et lui remettre cet ordre. Il s'agit du colonel Berru, du commando Hubert à Saint Mandrier. L'homme à mettre hors d'état de nuire, sans l'exécuter c'est, vous l'avez deviné, le directeur de l'autorité de sûreté nucléaire. Il pratique la plongée en eau profonde. Un sport dangereux, vous me l'avez dit vous-même. Vous voyez…Profitons de cette opportunité.

Il se leva et tendit la main à Anicet. Celui-ci effondré, ne répondit à sa poignée de main qu'après un long moment. « Et maintenant, je suis le commando Le Goff, songea-t-il. Si on m'avait dit que la fonction de député me conduirait un jour à donner des ordres à des crapahuteurs d'élite ! »

18 juillet 2019 – Vizzavona, Haute Corse

Anicet Le Goff se décida à téléphoner à la base de Saint Mandrier dans le Var pour convenir d'un lieu et d'une date de rencontre avec le chef du commando Hubert, autrement dits, des forces spéciales, chargées de mener les actions sous-marines. Le planton lui répondit au téléphone :

— Il n'y a personne ici. Le commando est parti en manœuvre avec le 2ᵉ REP* à Calvi. Je crois que pour vous, la seule solution est de vous rendre sur place pour tenter de les croiser.

— Vous n'avez pas de numéro de téléphone ? Ça me faciliterait la tâche.

— Vous savez, dans l'armée, on ne communique pas comme ça avec un commando.

Les contacts se font par radio sur des canaux cryptés. Comme vous êtes civil, je ne peux pas vous renseigner ni les avertir de votre venue. On ne transmet que les informations qui ont un rapport direct avec la mission.

— Vous avez le numéro de la Légion à Calvi ?

— Oui ça, je peux vous le donner.

Après un nouvel échange téléphonique, il se résout à devoir se rendre sur place, à crapahuter dans la montagne pour tenter de retrouver le colonel. Il se souvint dans sa jeunesse avoir été tenté par le GR 20, une randonnée Corse mythique et très sportive, presque aussi connue que la Haute Route dans les Alpes.

Il en avait été dissuadé par son bon copain de lycée nettement plus athlétique que lui. Aussi, l'idée d'affronter une telle épreuve l'angoissa. Il prit néanmoins son billet d'avion pour Bastia.

L'agence qui lui avait vendu le billet, le renseigna sur la ligne de chemin de fer Bastia - Calvi.

« Cela prend la journée, mais c'est le plus pratique et le plus agréable. »

** 2ᵉ Régiment de Parachutistes Étrangers, soit ; la Légion.*

Arrivé à Calvi au terminus de la ligne, on l'informa que la base ne se situait pas à Calvi même, mais dans un village à proximité, Solenzara.

A la sortie de la gare, il était déjà cinq heures et le soleil d'été écrasait de chaleur la dalle surchauffée. Impossible d'y trouver un taxi. Un pépé qui passait par là le renseigna.

— De taxi, il y a longtemps qu'il n'y en a plus à la gare. Vous allez où ?

— La Légion. Le 2ᵉ REP.

— Mais c'est loin, au moins cinq kilomètres !

Anicet se rendit à l'évidence : il devait y aller à pied. Cinq kilomètres sous le cagnard. Il n'avait pas fait son service militaire au prétexte d'une incompatibilité physique. Aussi, son intronisation dans le monde militaire débuta à 48 ans par cette marche expiatoire.

Arrivé devant le mur de la base où figurait fièrement la devise « More Majorum », qui en latin veut dire à la manière des anciens, il ne fut pas plus avancé pour expliquer le but de sa visite au planton. Il demanda à voir un responsable. Le planton, énervé, risqua un appel par radio à son hiérarchique. « Oui capitaine, c'est un civil. Il annonce qu'il est impératif qu'il rencontre un certain colonel Berru. »

Deux hommes vinrent à sa rencontre pour l'accompagner au bureau du capitaine de garde. La base semblait déserte.

Le gradé, finalement courtois, le fit asseoir.

— Quel est le but de votre visite ? Vous savez, votre démarche ne suit pas la procédure. Il faut s'annoncer avant toute visite. Son but doit être décrit dans un ordre de mission.

— Je suis bien conscient que tout cela doit être pour vous très inhabituel. Je suis député et porteur d'un document officiel de la plus haute importance, dit-il en se penchant pour sortir la lettre de sa poche.

Le capitaine, qui se tenait maintenant debout, lut la lettre et amorça un discret claquement de talons au vu de la signature. Il regarda son interlocuteur et dit.

« À cette heure, le colonel Berru est à Vizzavona avec notre chef de corps et la plupart de l'effectif de notre régiment. Voilà ce que nous allons faire.

Nous allons détacher deux légionnaires pour vous accompagner demain à Vizzavona. Départ à sept heures. Je vous assure le gîte pour la nuit.

Vous verrez, la température est beaucoup plus clémente pour l'exercice tôt le matin !

— Je crains d'avoir mal compris. On va s'y rendre à pied ?

— Oh cela n'a rien d'exceptionnel. Ça ne vous prendra pas plus de trois heures de marche. La plupart du parcours se fait en forêt, à l'ombre.

— Il y a un malentendu. Je ne suis pas venu comme journaliste pour faire un reportage sur la vie dans la légion, mais comme député avec un ordre de mission signé de votre ministre de tutelle ! Le train c'est le minimum. J'ai vu qu'il y avait un arrêt à Vizzavona.

— Affirmatif, fit le capitaine songeur. Dans ce cas, vous financerez les billets de train aller et retour des soldats qui vous accompagneront.

— C'est d'accord, dit Anicet le Goff qui reprit de la prestance, voyant que son recadrage avait porté ses fruits.

Il était très satisfait d'avoir échappé à une marche athlétique de trois heures. Ce n'était pas dans ses cordes.

Bien que transporté en train jusqu'au lieu supposé du rendez-vous, la marche d'approche dans le maquis Corse n'était pas de tout repos. Les légionnaires qui l'accompagnaient se révélèrent indispensables pour se frayer un chemin dans cet environnement hostile. Il regarda sa montre. Cela faisait une heure et demie qu'ils marchaient dans les taillis, sur ces chemins étroits non entretenus. Enfin ils pénétrèrent dans une petite clairière qui rassemblait le PC de liaison ainsi que quelques tentes destinées aux gradés.

— Attendez ici, ordonnèrent les deux légionnaires en lui adressant un bref salut militaire. Nous vous avons amené au lieu de rendez-vous. Maintenant nous partons.

— Merci pour votre aide indispensable. En effet, je n'aurai pas trouvé tout seul.

Ils tournèrent les talons et repartirent au pas de charge.

Deux heures plus tard, un petit groupe, dont l'approche s'annonça par des bruissements de taillis et de bruits de marche rapide, surgit enfin dans la clairière. Il s'agissait vraisemblablement des gradés. Ils se mirent à commenter haut et fort les phases clé de la manœuvre, une fois leur casque et lunette retirés. L'un d'eux se présenta à ce qui était pour eux un intrus.

— Colonel Berru, dit-il en s'approchant. C'est rare, un civil dans ces taillis !

— Député Le Goff, en charge des investigations pour la loi énergie climat, répondit-il en inventant ce titre par mimétisme avec la pratique de présentation militaire. Il lui tendit son ordre de mission.

Le colonel le lut rapidement et regarda Le Goff de ses yeux bleu profond, avec une expression d'incrédulité. Il avait l'air étonnamment jeune pour un chef de corps. Peut-être trente ans, ou moins ? Il semblait plutôt sorti d'une école d'élite plutôt que de campagnes à haut risque pour baroudeurs.

— Vous pouvez nous entretenir de votre démarche ? À moins que vous préfériez que nous en parlions seul à seul ?

— C'est très confidentiel. C'est stipulé dans la lettre.

— Dans ce cas suivez-moi.

Ils pénétrèrent dans une autre clairière dans laquelle était disposée une tente pour abriter le PC des transmissions. Le colonel fit signe au vaguemestre et au radio de s'éloigner quelque temps.

— Asseyez-vous et dites-moi ce qui me vaut cette visite en pleines manœuvres. Avouez que tout cela est bien mystérieux.

— La raison d'État veut que nous écartions, sans l'éliminer pour autant, un haut fonctionnaire de l'administration publique. Il s'agit du commissaire de l'autorité de sûreté nucléaire. Les investigations que nous avons menées, semblent montrer que cette personne est juge et partie. Nous avons établi qu'il est en contacts fréquents avec le patron d'une firme étrangère, qui a tout intérêt à ce que la France arrête son programme EPR.

— Quand vous dites « écarter sans l'éliminer », que voulez-vous dire ?

— Cette personne pratique assidûment la plongée en eau profonde. Un sport dangereux. Il faudrait provoquer un accident sans qu'il décède. Bien sûr, la plus grande confidentialité est requise. La DGSI n'est même pas au courant.

— Au-delà de 50 à 70 mètres, cela devient une affaire de spécialistes, je vous le confirme. Je commence à comprendre pourquoi la ministre a pensé à nous.

— Vous avez une idée de la façon dont on pourrait procéder ?

— Quand vous plongez à 70 mètres, vous passez au moins une heure trente sous l'eau, qui se résume finalement à dix minutes à la profondeur désirée. Il vous faut presque une heure pour passer les paliers de décompression. C'est à ce moment précis qu'un plongeur est vulnérable. Donc, pour provoquer un « accident » comme vous dites, il faut écourter fortement la durée des paliers. Il en résulte des séquelles physiques et mentales à vie.

— Donc vous interviendriez pendant une de ses plongées pour l'empêcher de passer les paliers ?

— C'est ça. On a déjà fait ce genre d'opération. Un plongeur attendra la cible sans se faire repérer à environ 50 mètres. Il lui mettra deux pinces pour forcer le remplissage de sa « stab » et empêcher le plongeur de la purger. Pardon, son gilet stabilisateur. Il remontera alors comme un bouchon et manquera deux paliers de décompression. Un autre plongeur l'interceptera à moins dix mètres pour lui retirer les pinces. Il flottera presque inconscient à environ trois mètres. Les secours le récupéreront et croiront à un banal accident. Il ne décédera pas, mais c'est sûr, il ne pourra plus reprendre sa fonction de commissaire. Pour effectuer cette opération, il faudra approcher le plongeur avec un bateau banalisé, qui traînera au bout d'un câble, un caisson pressurisé à moins cinquante mètres de profondeur, pour le plongeur intercepteur. L'important après la mission, est de récupérer très rapidement nos hommes et de quitter les lieux sans délais. Le caisson sert à ce que le plongeur intercepteur effectue ses paliers à bord du bateau. Il faut donc pour réaliser cette opération avec succès, une excellente coordination et des renseignements fiables, fournis en temps réels, pour bien anticiper… Si non, c'est le flop du Rainbow Warrior.

— On m'a déjà parlé de cet échec.

— Depuis, heureusement, nous avons beaucoup progressé. Je me ferai confirmer tout ça par la ministre. Je la vois régulièrement. Qui sera l'agent de liaison pour les renseignements ? Il faut prévoir une liaison radio cryptée avec un appareil spécial.

— Pour l'instant, on va dire que c'est moi. Je pense préférable pour vous de ne pas multiplier les interlocuteurs.

— Ça va de soi ! Je vous fais raccompagner.

Et il lui tendit une radio émettrice en précisant qu'il fallait la régler sur le canal « 4 » pour leurs futurs contacts.

Anicet Le Goff était content si l'on peut dire d'avoir maintenant la solution en main, même si celle-ci consistait à rendre une personnalité infirme. Comme cela semblait facile pour le commando qui effectuerait la mission, presque une opération de routine. Il pensait à son échange avec le colonel pendant la marche retour qui cette fois-ci se déroulait en montée. « Les mêmes taillis griffus, se dit-il. Toujours les mêmes estafilades malgré son pantalon et sa chemise à manches longues ! » Ils constatèrent une fois arrivés à la gare de Vizzavona, qu'il avait manqué le dernier train pour Bastia. La seule solution, c'était de prendre le train pour Calvi et de passer la nuit sur place. « Quelle guigne ! » Les deux légionnaires qui le raccompagnaient ne se firent pas prier pour rentrer et rejoindre leur bivouac.

À ce moment précis, son portable sonna et indiqua qu'il allait recevoir un appel crypté.

— Allo, fit Reem. Vous ne devinerez jamais où je m'apprête à passer la soirée !

Au ton de son interlocutrice, il devina qu'elle n'allait pas gâcher son séjour.

— Au théâtre, dans un grand restaurant ?

— Presque deviné, à l'opéra ! Mais je suis déçue d'être à Copenhague pour assister à une représentation de Tosca par la troupe de l'Opéra de Paris dirigée par François Xavier Roth. J'aurais pu voir ça à Paris !

— En ce moment Reem, j'aimerais bien partager avec vous ce genre de déception. J'en suis à essayer de trouver un gîte à Calvi pour passer une nuit d'attente et attraper un tortillard demain à sept heures.

— Oh, désolé Monsieur Le Goff. Je ne vous agace plus et ne vous contacte que lorsque j'aurais une vraie information à vous transmettre.

30 juillet 2019 – Fredericia, Danemark

Il est facile et rapide de faire le tour de cette bourgade portuaire du sud du Jutland. De grandes maisons aux toits criards, de larges avenues, bien droites et flanquées de pistes cyclables et de pelouses bien tenues. De gros tous terrains garés derrière des portails blancs, jusqu'aux poubelles alignées le long des murs sous les mêmes auvents en bois. Quelle tranquillité jusqu'à l'ennui ! La seule fantaisie de cette petite ville bourgeoise rangée et sans histoire, c'est cette ancienne maison close au centre-ville : « Aux Belles Poules. » Pour se distraire ici, il faut pousser jusqu'au port et comparer les tarifs et les prestations des compagnies de tourisme pour les îles Féroé, proposant parfois quelques occupations coquines pour passer le temps pendant la traversée… Après tout, nous sommes au Danemark ! Comment imaginer que ce pays, dont les attractions les plus célèbres se situent à Billund pour le Lego, et à Odense, pour la ville natale d'Andersen, fut la grande rivale de la Suède lors de la conquête de l'Empire Balte ? Ce territoire plat et paisible, où les vaches semblent représenter les êtres vivants les plus nombreux, fut jadis le centre d'un empire qui s'étendait du Groenland, à l'Islande jusqu'à l'Estonie ravie à la Suède et qui tint tête aux villes allemandes de l'Alliance Hanséatique . Oersted, le leader européen des éoliennes off-shore, avait attiré la rapacité de la banque la plus opportuniste du monde : Goldman Sachs, lors de sa privatisation partielle. Le siège de cette multinationale se tenait ici, peut-être dans cette maison de « Hobbit » ou derrière cette façade couverte de planches de bois de ce petit immeuble « écoresponsable » ? Le seul lieu de distraction, théâtre à part, c'était le centre de thalasso, légèrement excentré et situé en bord de mer. Reem entra et prit un abonnement pour la semaine. Outre une magnifique piscine couverte baignée par le soleil matinal, le centre comportait une batterie de saunas et de hammams. Des tables et des chaises confortables étaient disposées autour du bassin, souvent garnies de revues sur le bien-être et le mobilier design dont les Danois raffolent. Reem était une des premières clientes de cette longue journée. Bientôt le silence monacal s'évanouit pour laisser place à des conversations de couples de femmes d'un certain âge, drapées du même peignoir blanc siglés du centre. Après une heure, une bonne moitié des tables étaient occupées. Quelques larges baies vitrées avaient été entre-ouvertes pour laisser pénétrer un peu d'air frais marin. La piscine ne comptait tout au plus que trois à quatre baigneuses qui poursuivaient silencieusement leur kilomètre. L'instant était propice au test de son équipement.

Reem sortit son microcrayon hyperdirectionnel, le brancha sur son smartphone et le dirigea en cherchant une position stable vers une table éloignée où la conversation allait bon train. Après quelques tâtonnements, le signal devint exploitable. L'appareil enregistrait la conversation. Reem mit une revue sur le micro par précaution et pour le caler. Elle laissa faire pendant dix minutes, durée qui constituait le maximum de sa patience. Puis avec une curiosité débordante, elle voulut voir le résultat. Le smartphone en main, elle put enfin lire tout le dialogue qui avait été transcrit et traduit en français. Le dernier cri des acquisitions de l'agence DULUC. Quand il y avait des blancs ou des sons mal captés, l'application les indiquait par trois petits points et parfois par du texte traduit ou non, entre parenthèses. C'était l'équipement le plus approprié pour son enquête. Reem n'avait plus qu'à se prélasser là, pendant une semaine en espérant que les gros bonnets s'y délassent à leur tour et sortent de leur tanière pour discuter affaires. Au Danemark, ce sont les saunas plus que les restaurants, qui sont les lieux privilégiés d'invitations pour des réunions d'affaires informelles. Elle joua la touriste à la réception en se renseignant sur les horaires de fréquentation des hommes, et en s'étonnant que jusqu'à présent, il n'y eût que des femmes. On lui confirma que c'était mixte tout le temps et que les hommes venaient plutôt en fin d'après-midi, après le travail et le sport.

Elle se gardait bien d'appeler en France tant qu'elle n'aurait pas ferré une proie tangible. Après trois jours de patience, vers cinq heures, elle vit enfin un groupe d'hommes ventripotents qui cherchaient une table à l'écart. Ça ne les satisfaisait pas. Aussi l'un d'eux ouvrit la baie vitrée, et ils prirent à deux le mobilier de délassement pour le disposer à l'extérieur. Cela compliquait les affaires de Reem qui en se levant promptement, saisit une chaise pour sortir à son tour et s'installer derrière une immense plante en pot, genre herbe de la pampa. Ainsi « camouflée », elle installa rapidement son système d'écoute en le dirigeant vers le groupe. Caricature de notable local, l'un des hommes devait avoir amassé des millions dans les affaires : la chevelure encore peu dégarnie d'un blanc crème délavé, l'œil d'un bleu électrique vif et perçant, une grosse Rolex en or jaune comme sa chaîne autour du cou, son bronzage calibré, issu vraisemblablement d'un séjour récent à Dubaï ou au Kenya, ses chaussures de bain soignées…

Ah, elles n'étaient pas en plastique et banales ses sandales, comme celles fournies par le club !

Avec quarante ans de moins, il aurait pu ressembler au marin Danois au sourire conquérant, l'allure fière, la chemise et la casquette bleu nuit, rehaussées de galons dorés, tel que représenté sur les boîtes de foie de morue « Officers ». C'était pour Reem, le symbole de l'exotisme nordique qui trônait sur la table à déjeuner dominicale de son enfance.

La conversation s'engageait. Elle dura pratiquement un quart d'heure jusqu'à ce qu'un des compères se dirigeât à l'intérieur vers l'un des saunas. Les deux autres échangèrent brièvement, se levèrent et abandonnèrent leur peignoir sur leurs chaises pour se diriger « à poil », tranquillement, vers le même sauna pour poursuivre la discussion.

Reem hésita et décida finalement de procéder de même, complètement dénudée, en n'emportant qu'un essuie-mains et son microcrayon. Elle se dirigea sans hésiter, droit vers le sauna occupé par les trois hommes. Elle demanda en anglais en ouvrant la porte si cela ne les dérangeait pas qu'une femme se joigne à leur compagnie. Des rires gras et sonores se réverbéraient dans la cabine et l'encouragèrent à venir s'installer. Les vapeurs et la chaleur suffocante étaient propices à des échanges banals. Petit à petit, elle eut l'impression que la conversation commencée à l'extérieur avait repris son fil et que les échanges redevenaient intéressants. Elle alluma discrètement son micro caché sous sa serviette, en espérant qu'il ne rechignerait pas à fonctionner dans cette atmosphère à 100 °C et à 60% d'hygrométrie ! Les corps de nos vieux vikings étaient luisants de sueur. Ils s'exprimaient maintenant presqu'haletant. Un prénom fut prononcé : « Xavier, the French man ». Elle entendit également le terme « BRGM ». La dernière phrase contenait les expressions « deep diver » et « Pembroke Docks diving center ». Puis nos trois roast-beefs, rougeoyants sur toutes les faces, se levèrent de concert pour quitter le sauna et plonger dans la piscine, après s'être aspergés d'un bac d'eau glacée. Reem attendit un peu et quitta le sauna à son tour, pour rejoindre son poste dans la pampa. N'y tenant plus, elle brancha son crayon micro. Elle vit à ce moment qu'elle était observée par l'homme aux yeux bleus. Elle lâcha son attirail dans son peignoir et courut à son tour pour sauter dans la piscine. Elle eut le sentiment, après quelques brasses, que les morses qui l'observaient dans l'eau se doutaient qu'ils avaient été espionnés. Ce n'était pas compliqué de deviner que Reem Kertali n'était pas du coin. Elle était seule. Elle n'avait pas la soixantaine révolue, ni les yeux bleus, ni la chevelure d'un gris platine. Elle était ce type de femme que l'on ne voyait jamais ici à Fredericia. Bref, une espionne.

Elle ne fut pas suivie en quittant la thalasso pour son hôtel. Une fois dans sa chambre, elle ferma la porte à clé, se réfugia dans la salle de bains et entreprit de lire tout ce qu'elle avait capté.

La conversation concernait ; Chris Andersen, le PDG de Œrsted, Gustav Lundgren, patron d'une mine d'exploitation de minerais dans le sud de la Laponie et Bjorg Parson, frère de Katherin Parson, l'ancienne ministre démocrate et animatrice du club d'entreprises de coordination nordique.

Il était question d'un gisement potentiel de terres rares, très prometteur, qui dispenserait Œrsted des approvisionnements chinois et permettrait ainsi d'échapper au quota annuel de 50 000 tonnes de minerai.

Pour finir et cela avait été enregistré dans le sauna, Xavier se rendrait au club de plongée de Pembroke Docks d'ici une semaine, pour profiter d'un court congé et s'adonner aux joies du Nitrox, le gaz hilarant des grandes profondeurs. Il était également question de finaliser une Joint-Venture avec une start-up, Wave electricity, spécialisée dans la transformation de l'énergie de la houle. Elle avait déjà trois ans d'existence et son chiffre d'affaires avoisinait déjà les 4 m £. Chris Andersen se disait que ce serait là une bonne occasion d'accompagner Xavier sur place et de faire une visite de routine du plus grand champ d'éoliennes off-shore du monde.

Elle téléphona à Anicet Le Goff pour lui faire part de sa « pêche miraculeuse ».

— Allô, Monsieur Le Goff ? Ici Reem. Notre cible s'appelle bien Xavier ?

— Jusque-là c'est exact.

— Il aurait travaillé au BRGM ?

— Bonne réponse.

— Eh bien, il se rendra d'ici une semaine à Pembroke Docks, un ancien chantier naval gallois, pour s'entraîner à la plongée en eau profonde. Il sera accompagné du PDG d' Œrsted. Je rentre. J'ai rempli ma mission. À demain !

Anicet Le Goff tenait enfin l'information qui établissait le lien entre le patron de l'autorité de sûreté nucléaire et les sociétés membres de la coopération nordique, qu'avait fondé Katherin Parson. Il téléphona au ministre et lui dit simplement « Nous avons le lien. » Et il raccrocha. Il avait la tête ailleurs.

C'était l'anniversaire de Carla, ils se connaissaient depuis maintenant deux ans et il cherchait, pour fêter l'évènement, un restaurant proche de chez lui, dans le 11ᵉ. Il ne se faisait pas d'illusion néanmoins ; elle n'aimait pas son quartier. Cela rendait les choses plus compliquées pour prévoir une soirée intime. L'anthologie de la gastronomie parisienne, cet inventaire emblématique des meilleures tables destiné exclusivement aux parlementaires, parrainé et mise à jour par André Santini lui-même, n'y mentionnait aucune adresse non plus. Pour Carla, une habituée de l'univers du luxe, il n'y avait rien d'autre que le 8ᵉ et les Champs- Elysées. Il fallait s'y résoudre. Lasserre était situé à deux pas du show-room de la marque de voitures « Eclair ». Elle sera certainement sensible à ce choix. Il interrogea le menu sur leur site. Ça commençait dur. L'œuf cocotte était affiché à 80 € ! Il vit rapidement qu'il s'en tirerait pour une somme déraisonnable. Anniversaire d'une ex « yachtwoman" » oblige ! »

Enfin, les visions de canard au sang, de homard et de suprêmes aux truffes s'effacèrent pour laisser la place au devoir. Anicet Le Goff récupéra la radio émettrice cryptée qui lui avait été confiée pour contacter la base de Saint Mandrier des forces spéciales.

— Colonel Berru ? Ici Anicet Le Goff. Je vous informe que la cible se rendra pour des plongées à Pembroke Docks dans une semaine.

— Merci député. Si on peut gagner un peu de temps pour que notre rafiot puisse se rendre sur place. Disons un jour ou deux.

— Je ne maîtrise pas le timing. Mais cela ne devrait pas poser de problème. Il y restera une semaine. Je vais envoyer quelqu'un sur place pour vous transmettre les informations nécessaires à la bonne marche de la mission. Votre contact sera dorénavant Madame Reem Kertali.

Le lendemain à son bureau de l'Assemblée, il s'enquit de savoir si son assistante parlementaire avait déjà pratiqué la plongée.

Elle était en train de tester des cosmétiques danoises sur son minois pâli par une semaine sans soleil ;

— Cela vous dit quelque chose le CMAS ?

— Ah, je vous vois venir ! Après la thalasso vous me proposez une semaine de plongée aux Caraïbes ?

— Je suis sûr que vous êtes très polyvalente. Une formation de l'agence DULUC ?

* *Référence au roman qualityssimo*

— Non, une passion quand j'étais ado. Les fonds sous-marins jordaniens au large d'Aqaba sont magnifiques. J'ai le niveau deux étoiles du CMAS. Je plonge à 40 mètres. Mais j'aurais besoin d'une mise à niveau. Il y a longtemps que je n'ai pas pratiqué.

— Vous vous doutez bien de votre prochaine destination : Pembroke Docks. Vous allez guider un commando pendant le séjour de notre ami Xavier.

— Je passe ma visite médicale et suis opérationnelle ! Et elle lui fit le signe d'« OK subaquatique » avec le pouce et l'index.

Anicet le Goff se rendit dans la salle des quatre colonnes, lieu de rendez-vous convenu avec le ministre, afin de lui fournir des détails sur le déroulement de la mission ultra-secrète qui lui avait été confiée. Il lui annonça que l'opération devrait se dérouler dans moins d'une semaine si tout se passait comme prévu. À ce moment, son téléphone vibra et afficha « Carla ». L'entretien n'était pas terminé, mais l'essentiel avait été dit. Le ministre le quitta avec un sourire allusif qui semblait dire « Ah, les femmes ! »

— Allô, Anicet ? Qu'est-ce que tu me proposes comme lieu fréquentable, sans manifestants, sans gilets jaunes, dans ta ville insurrectionnelle ?

— Les Champs ? Dans ton quartier général.

— Ah oui, j'aimerais bien revoir la vitrine de votre constructeur national que j'ai bien transformée. Disons vers sept heures ?

— D'accord ma chérie.

Ils se retrouvèrent comme convenu devant l'ex « Atelier » du constructeur national que Carla avait transformé en Show-room pour mettre en valeur la nouvelle marque « Eclair », emblématique et voulue comme telle, du luxe à la française. La vitrine était en travaux. Ce n'était pas surprenant en cette période estivale, toujours propice à des aménagements encore plus flatteurs. Elle crût distinguer un grand panneau FIAT à l'intérieur posé le long d'un mur. À y regarder de près, le show-room était en totale refonte. Elle devina, non sans peine, que le constructeur Italien y trouvait dorénavant son lit en lieu et place des limousines Eclair. Les jambes de Carla flagellèrent à la vue de ce désastre. Anicet le Goff eut juste le réflexe de la retenir par le bras.

— Anicet, je ne peux pas voir ça. Comment peut-on faire table rase d'un projet qui a été un tel challenge et si novateur ? L'homme a vraiment le goût de la destruction. Vraiment, des Fiat aux Champs-Elysées !

— Viens Carla, dit-il en se retournant et en l'enveloppant affectueusement de ses bras comme si elle sortait d'un enterrement. Un thé chez Pierre Hermé ?

Ils traversèrent l'Avenue, coupée sur toute sa longueur par deux palissades en son milieu.

— Des travaux sur les Champs ?

— Il paraît que l'avenue est trop large, répondit Anicet. Il y a maintenant beaucoup moins de voitures qui l'empruntent. La Maire de Paris veut y aménager une zone verte avec des plantations.

Ils s'approchèrent d'une affiche explicative, placardée là, devant le passage clouté. « La Mairie de Paris s'emploie à rafraîchir la ville et à lutter contre la détresse thermique urbaine. Bientôt une rangée de catalpas et des carrés de potagers viendront verdir la plus belle avenue du monde. »

— Vous les Français, vous n'avez vraiment aucun scrupule à détourner un lieu aussi emblématique et chargé d'histoire. Ça ne viendrait jamais à l'idée d'un Italien de transformer le Forum Romain en Naturalia. Nous, nous respectons les lieux historiques !

— Mais ce n'est pas la première fois que l'on végétalise les Champs, dit Anicet. Il y a quelques années, l'Avenue a été transformée temporairement en champ de blé.

— Ce n'est pas des Fiat qu'il faut vendre dans l'Atelier… mais des tracteurs ! J'y verrais bien un show-room de la marque John Deere !

Et ils se dirigèrent vers l'Avenue Franklin Roosevelt. En passant devant le « pas-de-porte » des légendaires Aston

Martin, Carla haussa les épaules à la vue des calandres britanniques. « Tremblez belles carrosseries, vous êtes en sursis ! Vous serez bientôt remplacées par un magasin Outils Wolf. » Anicet Le Goff ne savait pas que faire pour faire oublier les idées noires de sa compagne. Il l'embrassa. Elle le repoussa presque. Ce n'était pas le moment. Enfin, la vue de la façade immaculée de l'aussi célèbre restaurant Lasserre, les dissipa en un instant.

Pour la mise en scène et le décorum, c'était un théâtre unique de la gastronomie parisienne. L'entrée en matière commença par l'ascenseur qui menait dans la salle aérée au ton clair avec son éclairage zénithal. L'immense toit mobile s'ouvrit alors sur le ciel de Paris, laissant entrevoir les statues équestres du Grand Palais qui se pavanaient à travers les larges baies. Le reflet de la lumière issue de la verrière centrale, se reflétait sur les miroirs qui illuminèrent la pièce et donnèrent comme un air de fête. La robe de Carla était assortie aux tonalités dominantes du décor… sans le faire exprès. Mais cela rajoutait à la mise en scène. Anicet confirma au maître d'hôtel qu'ils dînaient à l'occasion de son anniversaire.

Tout lui faisait plaisir. Elle se sentait comblée malgré la simplicité de l'entrée : un œuf cocotte aromatisé avec un sorbet aux morilles. Le pianiste choisissait ses morceaux avec maestria, en symbiose avec les plats. Après un prélude de Beethoven, vint une sonate pour agrémenter un poisson poché, excellent, mais classique . Carla poussa un soupir de plaisir. « Que c'est romantique cette vue sur les chevaux. Le ciel de Paris ! ». Il lui servit lui-même un verre de champagne et se leva pour le lui placer dans sa longue main fine, l'occasion d'un baiser. Elle savoura l'instant.

Puis elle questionna Anicet sur ses activités du moment. Un projet de loi sur l'écologie, c'était trop vague pour elle et combien rébarbatif !

— Anicet, je voudrais que tu éveilles ma curiosité. Je ne te vois vraiment pas discuter des amendements !

— Tu as raison. J'enquête sur ce que font nos voisins européens sur la transition énergétique.

— Ah, et cela t'amène dans quels pays ?

— Pour l'instant, en Suède et au Danemark.

Il ne voulait pas en dire plus compte tenu du caractère très confidentiel d'un volet de sa mission. Pour la Suède, il pouvait être plus disert. Aucune investigation n'y avait encore démarré.

— En Suède ! À quel endroit ?

— Dans le Jämtland. Je crois que c'est juste en dessous de la Laponie.

— Si tu y vas, pense à moi ! J'ai un merveilleux souvenir d'une randonnée en traîneau et de la découverte d'une aurore boréale. J'adorerais renouveler l'expérience… avec toi, Anicet.

— Pourquoi pas, répondit-il, un peu dubitatif . La mission ne prêterait vraisemblablement pas à un séjour en amoureux.

Le dîner se termina par le dessert anniversaire, présenté avec un feu de Bengale, qui seul était allusif à la circonstance. Mais l'addition était des plus salée !

Ils partirent en direction de la rue Oberkampf en passant par le pont des Invalides, puis le Champ de Mars. Comme c'était romantique ! La chaleur était étouffante dans l'appartement. Ils s'allongèrent enlacés, en gardant la fenêtre grande ouverte. Cette atmosphère de chambre d'étudiant rappelait à Carla ses premiers flirts à Montfalcone. Elle le déshabilla. Ils firent l'amour. Elle était comblée. Elle lui couvrit le visage de mini-baisers en réponse à sa douceur et à sa sensualité. « Tu ne t'y prends pas trop mal pour un cultivateur bio ». Ainsi commença cette nuit de bonheur…

Le lendemain, il croisa par hasard André Santini près de la buvette. Bien qu'ils ne se soient pratiquement jamais adressé la parole, Anicet vint à sa rencontre et lui fit part de son expérience chez Lasserre.

— Beau décor très romantique mais cuisine presque banale et sans émotion particulière.

— C'est pour ça qu'il n'est pas dans ma sélection. Rassure-toi, tu n'es pas le seul à avoir été déçu par ces plats un peu simples ! Mais si Madame a été comblée, sois content, le but est atteint !

18 août 2019 – Centre de plongée de Pembroke Docks, Pays de Galles.

Reem Kertali atterrit à Bristol et récupéra la Vauxhall de location qu'elle avait réservée. « Maudite direction à droite » se dit-elle en essayant de coordonner sa conduite avec les indications de son GPS. Après la longue route côtière et après avoir passé Milford Haven, elle vit enfin le panneau « Doc Penfro », nom gallois de Pembroke Docks. Elle poursuivit la route jusqu'à l'adresse du B&B qu'elle avait contacté la veille. L'enfilade de maisons de brique, les bow-windows ainsi que la boîte aux lettres en tôle, tout cela lui rappelait ses séjours linguistiques de jadis. La porte d'apparence soignée avait dû être repeinte maintes fois, ce que l'on pouvait deviner à l'arrondi très estompé des moulures. Malgré le porche, le vent lui fouettait le visage et elle avait hâte de rentrer. Une dame, la soixantaine, ouvrit. Elle lui adressa un sourire de bienvenue et un « Please, come in ! » Très guttural. Les papiers peints roses fleuris du hall étaient garnis de photos d'un jeune homme qui, le sourire conquérant, arborait tantôt une coupe, tantôt un ballon de rugby sous le bras. Ce devait être le fils, et donc la gloire de la famille. Les deux fauteuils au dossier haut et enveloppant autour du « fireplace », confirmaient que Reem se trouvait maintenant dans le foyer cosy de la maison. Celui qui devait être son mari, lui adressa un « Hello » bienveillant, suivi d'une longue phrase ponctuée de « gue, gue » incompréhensibles. « Ah, qu'elles étaient loin les conversations avec les autochtones lorsqu'elle était lycéenne ! » se dit-elle. Une jeune fille, assise à la fenêtre à côté d'une pile de journaux retira ses oreillettes à la vue de l'inconnue. Elle vit à l'expression de Reem qu'elle n'avait rien compris à la question de son père. Elle réitéra la phrase à son intention, qui fut beaucoup plus conforme aux standards de l'anglais qu'elle avait appris et qu'elle prétendait maîtriser. Elle fut néanmoins rassurée par la présence de cette jeune fille qui heureusement, pouvait lui faire la traduction entre l'anglais et le gallois. Après avoir visité sa chambre et échangé sur les commodités de son séjour, c'est-à-dire l'heure du breakfast qui lui convenait, si elle voulait des beans ou du porridge, la clé de la maison, elle demanda enfin s'ils connaissaient le club de plongée de Pembroke. Monsieur se leva, et extirpa une revue de la pile de journaux. Ce devait être une revue municipale, au magnifique écusson qui ornait la couverture. Marmonnant dans sa pipe, l'homme se rappela que c'était bien là qu'il avait vu un article et une magnifique photo noir et blanc qu'il finit par trouver en feuilletant. Une équipe de plongeurs posait fièrement sur un quai avec comme toile de fond, une gigantesque structure couchée qui flottait là sur le chenal. « Pembroke était un chantier naval célèbre. On peut encore visiter la cale sèche qui date d'Henri VIII ! Il y a trente ans, le chantier naval de Pembroke s'était reconverti en site d'assemblage de plateformes pétrolières off-shore. Il y a un important terminal gazier vers Milford. Il est toujours en service. » Et il découpa la page pour la lui donner. Elle mentionnait l'adresse du club.

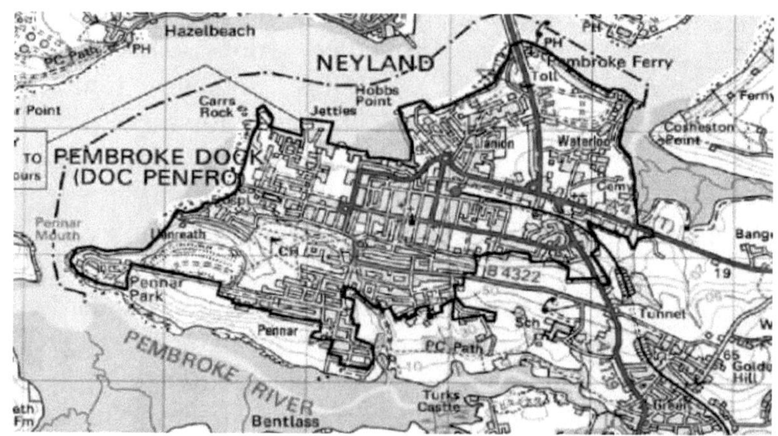

Reem Kertali, dévorée par la curiosité, extirpa de son sac sa carte CMAS et son carnet de plongée pour se diriger vers le port, en quête de ce qui pouvait ressembler à ce qu'elle avait vu sur la photo. Le bourg était petit mais le port immense. Elle se dit qu'elle avait eu tort de vouloir s'y rendre à pied. En apercevant la mer, elle tomba net sur le terminal de ferries à destination de l'Irlande, presque impraticable à pied, tant il y avait d'obstacles et de barrières. On distinguait de l'autre côté du chenal, cinq immenses éoliennes en batterie sur le haut d'une colline, qui témoignaient, au vu de leur vitesse de rotation, que pour la force des vents, le Pays de Galles n'avait rien à envier à la pointe de Barfleur à l'extrémité du Cotentin. Elle longea le quai vers le nord. Au fur à mesure de sa marche, ses abords devenaient moins dantesques et de plus en plus humains avec ses pubs et restaurants de pêcheurs, malgré l'omniprésence de superstructures de gros chalutiers alignés le long du quai. Un couple de marins vint à sa rencontre. Elle demanda son chemin.

— Hello ! The diving center please ?

— Jattles, this is near by, fit le marin en indiquant la direction avec sa main tendue et en se retournant. Il la regarda, puis confirma par un hochement du menton.

Il finit par un imperceptible salut en frôlant sa casquette du doigt et en lui rendant son sourire… Qu'il avait quelque peu édenté.

Enfin elle atteignit le Diving Club de Pembroke où ce qu'il en restait avant son heure de gloire, c'est-à-dire un vieux hangar en briques dont les fenêtres étaient tantôt condamnées, tantôt bouchées avec des plaques de plexiglas jaunies, ainsi qu'une cabane en bois près du quai, qui devait être le bureau. En contrebas du quai, une barge métallique et un zodiac équipés pour la plongée la rassurèrent sur sa destination. Elle prit néanmoins son courage à deux mains pour pousser la porte et prendre contact.

Deux hommes discutaient entre eux de part et d'autre de ce qui devait être un comptoir, sans interrompre le moindre du monde leur conversation. Il flottait une odeur forte indéfinissable de tapis mouillé, mêlé de néoprène ou de caoutchouc et d'embrun marin. Il y avait comme dans tout club, la sempiternelle vitrine pleine de coupes poussiéreuses et de photos racornies. Ces trophées déjà anciens attestaient de records de plongée atteints dans les années soixante-dix. Les dédicaces au feutre sur les photos étaient très délavées. Elle crut reconnaître un insigne de la COMEX et la photo dédicacée de Jacques Yves Cousteau qui confirma son intuition.

La conversation stoppa pour une harangue qui traversa le cabanon, adressée à la visiteuse, tel un lancer de harpon. « This is Cousteau, yes ! »

Reem s'approcha du comptoir estimant qu'elle avait maintenant l'autorisation tacite d'interférer au sein du duo.

— I am looking for diving lessons.

— OK, did you practice yet ?

— Sure ! I am a two stars diver, I mean, referring to the CMAS ranking.

Et elle montra sa carte de plongeuse confirmée et remit son carnet. Elle demanda si le club pratiquait la plongée en eau profonde et s'il y avait des clients en ce moment.

Celui qui devait être le patron du club confirma qu'une plongée au Nitrox était prévue le lendemain à dix heures. Il consulta le carnet des plongées de Reem Kertali et regretta de ne pouvoir l'inclure avec l'autre plongeur pour constituer une palanquée avec un moniteur. Sa dernière plongée datait de plus de deux ans et elle n'avait pas le niveau « 3 étoiles ». Reem n'osa pas demander le nom du plongeur. Cela aurait paru bien sûr incongru. Elle répondit que cela lui était égal d'effectuer une plongée classique à vingt mètres, accompagnée ou non.

Marché conclu ! Ça y est, elle était inscrite pour demain matin, neuf heures sans faute. En sortant, elle fit le tour du hangar et sorti son téléphone crypté. Il y avait plusieurs canaux et essaya de prendre contact en commençant avec les quatre premiers. Une voix répondit enfin.

Elle chercha son smartphone afin d'identifier les coordonnées géodésiques du club de plongée pour les transmettre au commando.

— Colonel Berru ?

— Affirmatif. Vous êtes Reem Kertali ?

— Oui. Je suis au club de plongée, dit-elle en confirmant son identité. Il y a une plongée en eau profonde prévue demain matin à dix heures. Je n'ai pas le nom du plongeur.

— On verra bien. Demain, on fera une répétition. Vous nous transmettrez un signal avec cette radio dès que vous partirez pour le spot. Nous allons effectuer un suivi avec le bateau d'interception mais nous ne tenterons rien. Il faudra plusieurs fois répéter la manœuvre avant de passer à l'action.

— OK, compris. Je vous donne les coordonnées GPS du club.

Maintenant qu'elle était au pied du mur, Reem se rendait compte de la difficulté de l'opération. Bien que la radio fût de petite taille, elle crachouillait et émettait très fort un souffle caractéristique qui rendait inenvisageable son utilisation sur le zodiac de plongée. Tout reposerait sur la détection du départ des plongeurs par le bateau d'interception, en espérant que le spot ne soit pas trop éloigné.

Le lendemain après un breakfast roboratif, elle découvrit enfin l'autre plongeur. Elle fut soulagée de reconnaître à son mauvais accent qu'il était français. Le moniteur lui demanda ce qu'elle avait comme matériel. Elle montra son sac en l'ouvrant et dit qu'elle n'avait pas de stab, ni de détendeur ni d'ordinateur. « OK, fit-il. On vous fournira tout ça. » Ils furent invités à se préparer. « Les vestiaires sont dans le hangar. Rendez-vous dans vingt minutes. OK ? »

Le hangar était une sorte de capharnaüm qui puait l'huile. Des zodiacs à moitié dégonflés et inutilisables y étaient couverts de poussière que quelques décennies avaient eu la patience de déposer. Il y avait aussi des moteurs hors-bord posés sur des racks, éventrés, eux aussi hors d'usage. Au fond, une porte, laissait penser qu'elle donnait accès aux vestiaires. Une simple cloison dans ce local, habillé d'une frisette jaunie et vieillotte qui montait jusqu'au plafond, séparait les vestiaires hommes des vestiaires femmes. Un vieux banc scolaire en bois ainsi que quelques portemanteaux rouillés cramponnés à la frisette, en constituaient les seules « facilités », si l'on peut dire. Pas de toilettes. Enfin équipés, Ils se retrouvèrent près d'une espèce de bassin en tôle, où les attendaient bouteilles et lests ainsi que les embouts, les détendeurs et les stab. Encore quinze minutes pour tout monter et tout vérifier. Le plongeur français n'avait émis jusqu'à présent que des onomatopées. Sa combinaison sèche professionnelle, d'un rouge criard, montrait qu'il mettait les moyens dans son hobby. Il ne s'embarrassait pas de paroles et ne voulait pas converser. Il était dans son monde. La rigueur ou l'autisme ? Il entra dans l'abri pour récupérer une bouteille supplémentaire, le Nitrox vraisemblablement, ainsi qu'une tablette en plastique jaune au bout d'une ficelle qu'il s'accrocha autour du cou : une abaque des durées des paliers selon la profondeur de plongée.

Le moniteur aida à charger tout le matériel dans le bateau. Reem prétexta l'oubli de son masque dans le vestiaire et courut vers le hangar. Elle extirpa la radio de son sac et émit le signal convenu. « Réception confirmée ! » Puis elle retourna vers l'embarcation son masque en main. Elle se demanda de quel stratagème elle userait les jours suivants.

Le zodiac quitta la rade et après trente minutes de navigation à allure moyenne, mit l'ancre dans une crique rocheuse. La houle, bien formée, n'était pas pour rassurer l'équipage. Le moniteur s'assura que le mouillage était sûr. Pendant ce temps, Reem sortit son smartphone pour récupérer les coordonnées GPS du spot.

Le pilote éteignit le moteur. Le moniteur profita du calme pour donner les consignes. Il s'adressa au plongeur par un « Xavier », c'était donc bien lui, en lui expliquant le déroulement de la plongée et que c'était lui qui l'accompagnerait. Xavier semblait protester. Il préférait être seul apparemment, jugeant son niveau suffisant. Le moniteur, justifia que pour une première séance, c'était non négociable à cause de la responsabilité du club. En revanche, il demanda à Reem de plonger seule en se rapprochant de la côte et en se limitant à vingt mètres de profondeur maximum. Il la mit en garde de ne pas mettre sa main dans les anfractuosités. « En ce moment, lui rappela-t-il, il y a des congres qui s'y cachent. Leurs mâchoires sont plus puissantes que celles des chiens ».

La visibilité était moyenne car le ciel s'était mis au gris et les rochers peu visibles, car de couleur sombre. Seules quelques algues géantes rendaient les lieux moins fantomatiques. Reem écourta sa plongée car elle espérait voir le bateau intercepteur, même s'il avait été convenu qu'il passerait au loin. Mais rien à l'horizon. Le pilote demanda pourquoi elle était remontée après 40 minutes ? « Do you feel good ? ». Reem prétexta qu'elle avait mal enfilé sa combinaison et qu'elle avait froid.

Xavier remonta à son tour. Le pilote et Reem l'aidèrent à monter à bord. Ses jambes flagellaient sur l'échelle, tant le poids de tout l'équipement était important. En retour, elle n'eut aucun remerciement. Le pilote engagea la conversation en commentant. Mais Xavier n'avait pas envie de parler. Il se contentait de hocher lorsque le moniteur lui rappelait ce qu'il aurait dû faire.

De retour au club, Reem remercia l'équipe et confirma une nouvelle plongée pour le lendemain. Le moniteur lui annonça qu'il l'accompagnerait pour tenter les quarante mètres. Xavier, lui, plongerait seul.

Une fois rhabillée, elle fila vers sa voiture pour être prête à suivre Xavier. Il partit rapidement à son tour et contourna la côte en direction de Milford et s'arrêta devant un bâtiment récent siglé de la société Wave Electricity . Une grosse BMW était garée sur le minuscule parking de la société. Reem continua un peu plus loin avant de se garer. Taraudée par la faim et par le froid, elle était persuadée qu'elle apprendrait quelque chose de nouveau en guettant les aller et venue. Après une heure et demie d'attente, trois hommes sortirent enfin. Ces cheveux jaune lavasse et ces yeux bleus. C'était bien Chris Andersen. Tout se déroulait selon ce qu'elle avait intercepté à la thalasso.

En revanche, elle fut dépitée de l'échange par radio qu'elle eut avec le commando. Le bateau d'interception n'avait même pas levé l'ancre. Donc cette journée n'avait compté pour rien. Elle fit comprendre au colonel Berru que l'occasion « idéale », c'est-à-dire lorsque la cible plongeait sans moniteur, ne se présenterait pas forcément tous les jours. La réponse qu'elle reçut, fut que le commando ne devait prendre aucun risque et que c'était à eux de juger quand les conditions seraient idéales pour intervenir.

Lasse, elle décida d'aller manger un peu avant de rentrer et d'appeler Anicet Le Goff. Elle fit demi-tour pour dépasser l'excroissance de Jattles et retrouver l'un des pubs qui lui avait semblé sympathique, dans la direction du terminal de ferries. Elle entra, il était encore tôt et l'endroit était calme. Elle se tint devant le comptoir et les manettes ivoire des soutireuses de bière. Il y en avait cinq en batterie. Elle aimait ce décor et les gestes précis, mille fois répétés du « waiter », lorsqu'il tirait une pinte et arasait la chope pour en écarter d'un coup, le surplus de mousse. Le contact, forcément liant, se matérialisait par une question, l'air de rien et néanmoins empathique à votre égard. Elle faisait partie du service.

— What about today Miss ? Nice weather. Isn't it ?

— I am starving because I dived, then I waited for somebody outside for two hours long !

— This guy knows a lot about the diving center. He can tell you the story. It is interesting ! May I recommend you the steak & kidney pie ? A large one ?

Reem se délecta lentement de la mousse couleur ambre de sa bière. Elle voulait rester un moment dans cet endroit propice pour un break. Elle se posta devant celui qui connait le centre de plongée et lui demanda si elle pouvait s'asseoir et discuter plongée. « Sure Miss. Please have a seat ! »

Le barman déposa sur la table le pie d'une taille respectable. Un fumet inimitable s'échappait du couvercle de pain lorsqu'elle le souleva. La conversation s'engagea alors.

L'homme assis en face de Reem se présenta. Il se prénommait « Aal ». Enfin c'est ce qu'elle capta. Mais l'homme rectifia pour épeler distinctement son prénom : Aelhaearn. Il commença alors à raconter…

« Pembroke Docks s'est converti en site d'assemblage de plateformes off-shore dans les années soixante-dix, lors du premier choc pétrolier et de la découverte des gisements en mer du Nord. Mais pour l'installation des plateformes, nous n'avions aucune compétence en plongée en eau profonde. Au même moment, la COMEX, une société française, se targuait de pouvoir envoyer des plongeurs à -300 mètres ! Elle avait mis au point des caissons de décompression pour éviter les paliers in situ qui auraient duré des semaines et utilisait un nouveau gaz pour ces plongées extrêmes : l'Heliox . C'est le gaz qui vous donne une voix de Donald Duck !

Une équipe de la COMEX est restée ici pendant presque un an. De temps en temps, un conseiller venait. Je crois qu'il s'appelait Philippe Cousteau. Un gars très sympa. Et le club de plongée fut créé. Il était tellement populaire ici à Pembroke que de nombreux jeunes, dont je faisais partie, s'inscrivaient pour découvrir ce nouveau sport ! Le club compta jusqu'à plus de trois cents membres. Il fallait réserver sa plongée presque une semaine à l'avance ! Puis dans les années quatre-vingt-dix, les responsables du club ne se sont plus entendus. La technique des plateformes se passa de plongeurs soudeurs et bientôt les plongeurs amateurs ainsi formés, trouvèrent que les fonds marins de la mer rouge ou de Thaïlande étaient plus attractifs que ceux de Pembroke. Le club périclita mais on maintint une compétence de plongée en eau profonde. Une des seules au Royaume-Uni.»

Reem au départ passionnée par cette histoire, se surprit à s'endormir, la plongée, l'attente, la bière et le steak and kidney aidant. Elle demanda un café oubliant par-là, qu'élaboré outre-manche, il ne produirait en rien l'effet qu'elle recherchait. Elle but le jus immonde et sortit pour marcher un peu avant de prendre sa voiture.

Une fois assoupie sur son lit, elle ne prit même pas la peine de répondre à l'appel d'Anicet. Elle avait le sentiment de ne plus rien maîtriser, d'être un pion et de ne plus être un élément essentiel pour la réussite de cette mission singulière : rendre un homme infirme à vie. Elle ferait le job, se dit-elle. Ni plus ni moins ! Et elle dormit douze heures de suite.

Le lendemain, pluie. La quantité de bacon servie au petit-déjeuner était adaptée à la météo et à la grande fatigue de leur visiteuse, que ses hôtes du B&B avaient constatée la veille. Un coucher direct. Pas de dîner, pas de conversation… « How chocking ! »

Reem fut plus loquace ce matin-là et attaqua le breakfast avec un solide coup de fourchette. Puis elle se souvint qu'elle devait appeler Anicet Le Goff. La sonnerie retentit assez longtemps avant la réponse.

— Anicet Le Goff. Que puis-je pour vous ?

— Encore au lit ? Ah la charge harassante de député. J'ai vu un reportage là-dessus à la télé. C'est que vous seriez presque convaincant ! À quand la douzième semaine de congé payé ?

— Ne vous fichez pas de moi Reem. J'ai dû faire preuve de grandes qualités psychologiques, jusqu'à fort tard dans la soirée, pour remonter le moral d'une personne fragilisée par les circonstances.

— Elle est toujours dans votre lit, la candidate aux poutous de réconfort ? De mon côté, je suis en plein dans les fonds marins de Pembroke Docks. L'opération est peut-être pour aujourd'hui. En tout cas c'est ce que j'espère.

Et elle raccrocha. Arrivée au club, elle commença par le bureau afin d'obtenir le maximum de renseignements sur la plongée du jour. Il plongerait seul, cette fois-ci. Le moniteur la guiderait avec une autre personne. Le spot n'était pas encore décidé. Elle insista, mais elle sentit que c'était le « domaine réservé » d'Allan, le moniteur. Elle se dirigea vers le vestiaire, croisa l'homme à la combinaison rouge. Il était prêt. Le temps de mettre sa combinaison et d'appeler par radio elle informa le commando. Elle insista sur le fait que la cible serait seule cette fois et qu'il était équipé d'une bouteille de Nitrox. Bref, les conditions étaient réunies pour agir. Elle insista bien sur cette constatation. Elle ne reçut en retour aucun signe quant à l'éventualité d'une intervention. Reem Kertali rejoignit alors juste à temps la palanquée sur le zodiac. Allan avait eu la galanterie de lui mettre son matériel à bord. Le spot était le même apparemment, que celui de la veille. Même rituel du mouillage et de l'énumération des consignes que Reem connaissait déjà. Il y eut quelques échanges très techniques entre Xavier et Allan sur la procédure des paliers et des modalités pour échanger entre le Nitrox et l'air comprimé. L'homme qui accompagnait Reem semblait être un habitué du club. Il lui fit signe de plonger la première. Ils remontèrent à bord de concert une heure après. La plongée s'était bien déroulée et Allan leur montra un congre à l'affût avec sa lampe torche. L'œil du congre était impressionnant ! D'une couleur bleu électrique, dépourvu d'expression et de vie, de la taille d'une bonde de lavabo. Contrairement aux murènes, on ne taquine pas un congre en agitant son gant à proximité de sa mâchoire. Allan lui montra sur son smartphone des séquelles de morsures de congre sur des plongeurs imprudents. Prise par ces explications, Reem leva enfin la tête. Elle avait oublié de surveiller la présence d'un éventuel bateau intrus à proximité. Mais rien encore une fois… Vingt minutes plus tard, l'homme à la combinaison rouge remonta à la surface. Il semblait tellement exténué par cet exercice qu'il ne pouvait monter seul à bord du bateau. Allan lui conseilla de laisser la stab et les bouteilles à l'eau. Mais rien n'y faisait. Ils l'aidèrent à monter. Une fois son masque retiré, il était livide et littéralement vidé, presqu'incapable d'échanger avec Allan. Après un court laps de temps de répit, le bateau prit le cap vers le port. Il ralentit l'allure pour progresser lentement en ligne droite vers Jattles. Elle distinguait le quai et l'abri minable du club. Trois hommes semblaient les attendre. Reem Kertali distingua enfin à proximité du hangar, la même grosse BMW qu'elle avait vue la veille près du siège de la Société Wave Electricity. Ce n'est pas bon, se dit Reem en elle-même, et elle chaussa discrètement la cagoule de sa combinaison pour ne pas être reconnue.

Arrivé à quai, Xavier se dirigea vers les trois hommes qui le congratulèrent pour son exploit. « Je reconnais l'un des trois hommes, se dit Reem. C'est bien Chris Andersen avec son regard de congre. Le même bleu électrique ! » A son tour, le Danois la toisa du regard. Il y avait de grandes chances qu'il l'ait reconnue. Une fois à terre, elle fila se changer dans le hangar et sortit en un temps record. Elle ne voulait pas les croiser à nouveau.

Elle ne prit même pas la peine d'appeler qui que ce soit, poussa le trajet de retour en voiture jusqu'à Milford Haven pour se changer les idées. Elle choisit le centre-ville très cosy pour déambuler le long des rues piétonnes. Elle se promit en elle-même que le lendemain, serait le jour de son ultime plongée. Après tout, ce commando n'en faisait qu'à sa tête. Il n'avait qu'à gérer seul toute l'opération. « On n'est pas force spéciale pour rien ! Qu'ils fassent quelque chose de concret avec leur maudit rafiot intercepteur, qui jusqu'ici n'avait pas quitté son mouillage ! »

Elle fut cette fois-ci plus « urbaine », une fois rentrée au B&B, que le soir précédent et engagea la conversation avec ses hôtes, même si l'accent guttural de l'homme restait aussi incompréhensible qu'au premier jour. Elle régla son séjour et confirma son goût pour un breakfast copieux pour le lendemain. La série télé et l'offre d'occuper l'un des « trônes » du salon, une place de choix, ne lui disaient rien. Elle y était sensible néanmoins et elle monta se coucher.

Le troisième jour, Allan projeta de se rendre à un autre spot. Xavier était là, ponctuel, comme à l'accoutumée, les trois hommes à la BMW absents. « Tant mieux ! se dit-elle ». Ils partirent comme une équipe maintenant bien rodée. Ils se séparèrent et plongèrent selon les consignes. Une fois remontée à bord, Reem distingua la proue d'un petit chalutier qui progressait lentement et se détachait de la pointe rocheuse de l'anse où ils avaient mouillé. Le pavillon était britannique. Était-ce le commando ? Elle le souhaitait vivement jusqu'à ce qu'Allan commençât à manifester son inquiétude en regardant sa montre de plus en plus souvent. Après trente minutes, n'y tenant plus, il chaussa son équipement et les avertit qu'il allait voir ce qui se passait. Il plongea et disparut dans les flots gris. Reem distingua le halo lumineux laissé par sa lampe torche au fur et à mesure qu'il plongeait.

Allan remonta avec Xavier après dix minutes. L'équipier de palanquée de Reem se jeta spontanément à l'eau pour leur porter secours. Xavier faisait des gestes désordonnés et se tordait de douleur. Il n'avait plus à l'évidence, toutes ses facultés motrices et ne pouvait pas monter. Ils le hissèrent à bord tous ensemble tel un paquet. Ils n'étaient pas trop de trois pour effectuer cette besogne. Allan appela les secours en insistant sur l'urgence à intervenir. Il expliqua que l'hôpital de Pembroke avait conservé un caisson et qu'ils le placeraient en conditions pour qu'il refasse les paliers. Mais il était pessimiste, vu les symptômes. En rentrant, le pilote ne prit même pas la peine de ralentir. Ils virent le quai, l'ambulance… et les trois hommes de la veille. Qu'allaient-ils penser de cet accident ? Certainement pas qu'il s'agissait d'une coïncidence fortuite avec la présence de Reem à bord. Que faire ? Sauter du zodiac ? Ce serait un aveu de culpabilité. Le rythme cardiaque de Reem Kertali se mit à grimper. Elle choisit de rester à bord alors que les deux infirmiers descendaient dans l'embarcation pour récupérer le plongeur inanimé. Sur le quai, L'homme au regard de congre l'observait, l'air menaçant. Il manifesta néanmoins un signe d'empathie, lorsqu'on allongea Xavier sur un brancard. Ils l'accompagnèrent jusqu'à l'ambulance. Un des ambulanciers leur confirma qu'ils pouvaient monter aussi avec le blessé jusqu'à l'hôpital. Mais non, ils revinrent vers le zodiac.

À ce moment précis, Reem Kertali était seule à bord. Elle se jeta sur l'amarre et la détacha, puis actionna la marche arrière et mit enfin les gaz. Le pilote et Allan lui firent des signes. Elle persistait à suivre sa route en direction du large en poussant le moteur, une fois passé le phare du chenal. Elle souffla et maintint son cap sans savoir encore ce qu'elle allait faire. Après une demi-heure, elle eut l'impression qu'elle était poursuivie. Il n'était pas visible, ce bateau, il y a cinq minutes. Donc il était plus rapide. Elle se rendit compte rapidement qu'elle allait être rattrapée par ses poursuivants. La côte était maintenant très éloignée. Elle vit au loin un champ d'éoliennes. Un rapide coup d'œil sur le réservoir de carburant lui confirma qu'elle n'avait pas suffisamment d'autonomie pour revenir sur ses pas. La seule échappatoire c'était une de ces éoliennes, en comptant sur le fait qu'il y eût une porte verrouillable de l'intérieur pour s'y réfugier. Elle fonça droit sur un des mâts et accosta, non sans mal, avec cette houle du large. Elle asséna plusieurs coups sur la serrure de la porte d'accès avec une barre de fer qui se trouvait à bord, s'introduisit dans le mât et commença à gravir en petite foulée la volée de marches de cet escalier en colimaçon. Un rapide coup d'œil vers le sommet lui indiqua qu'elle avait le temps pour trouver un moyen de se sortir d'affaire avant d'atteindre la plateforme zénithale. Il ne lui avait pas semblé apercevoir d'écoutille. Elle pensait à son rythme de montée qu'elle s'efforça de maintenir le plus régulier que possible… Comme à l'entraînement. Elle perçut les bruits de ses poursuivants qui tentèrent en vain, des tirs dans sa direction.

La première plateforme annulaire ne présentait en effet aucun obstacle interdisant toute progression vers la nacelle. Il y avait une sorte de pelle dans un fût de graisse. Elle en préleva une bonne quantité pour en tartiner copieusement les barreaux de l'échelle verticale qu'elle emprunta. Elle décocha un coup de barre de fer sur les lampes d'éclairage de la plateforme. Cela les retarderait. Arrivée dans la nacelle, elle vit le treuil de maintenance. Elle ouvrit la trappe extérieure avec difficulté en raison du vent violent, tout en se disant que sa seule chance de salut c'était la fuite par l'extérieur. Il ne lui restait pas plus de cinq minutes pour mettre en place son évasion. En guise de harnais, elle accrocha une sorte de sac muni de sangles au crochet du treuil et tenta d'amener l'ensemble vers l'ouverture extérieure. Elle éprouva de la difficulté à faire basculer le crochet et à actionner en même temps la commande du treuil. Enfin, elle réussit à se hisser dehors dans son harnais de fortune et à bloquer la commande. La descente fut beaucoup plus lente qu'espérée. Une fois passée en dessous de la nacelle, elle se trouva ballottée par le vent à tel point qu'elle eut peur d'être interceptée par une pale. Soudain, la longue descente stoppa. Elle était encore trop haute pour tenter sans risque un plongeon libérateur. Elle se sentit remonter. Elle respira très fortement en tentant d'imaginer comment elle allait parlementer pour sauver sa peau. Un comité d'accueil armé jusqu'aux dents l'attendait en haut de la nacelle. Un des hommes l'aida même à s'extirper de son harnais pour qu'elle puisse pénétrer à l'intérieur. Ils étaient trois et communiquaient entre eux dans une langue qu'elle ne comprenait pas. Le plus déterminé, la poussa vigoureusement vers l'armoire électrique et la mit en joue avec son arme. Elle comprit soudain qu'elle n'avait plus aucune chance. Elle se souvint alors d'une scène de guerre au Niger, dans laquelle, avec deux de ses camarades elle avait été tenue en joue par des terroristes. Elle se remémora cette impression de mort si proche. Là-bas, elle avait fermé les yeux, entendu la rafale et lorsqu'elle les avait ouverts de nouveau, son chef d'unité était là et les deux terroristes à terre.

Le coup de feu résonna. Elle se sentit partir…

« Maudit treuil ! » Ils essayèrent de remettre le corps de la femme dans le harnais dans l'idée de la descendre avec le treuil. Il ne marchait plus. Aucun ne se sentait la force de la porter jusqu'en bas et surtout de la descendre par l'échelle à crinoline pleine de graisse. Ils décidèrent donc d'abandonner le corps sur place en se disant que la prochaine visite de la maintenance n'aurait pas lieu avant des mois. Cela suffirait pour que les indices de ce meurtre ne portent plus à conséquence. Ils dévalèrent les escaliers et bloquèrent la porte en sortant.

22 août 2019 – Paris Assemblée Nationale

Anicet Le Goff n'y tenant plus, appela l'agence DULUC de son bureau.

— Bonjour, avez-vous des nouvelles de Reem Kertali ?

— Non. Vous savez, les inspecteurs que nous détachons sur des enquêtes confidentielles, jouissent d'une autonomie maximale et ne nous rapportent pas forcément. Nous n'avons pas de nouvelles.

— La dernière fois que j'ai eu un appel de sa part, c'était le 20 août. Elle était au Pays de Galles. Très précisément à Pembroke Docks.

— Merci pour l'info. Si nous avons quelque chose, nous vous préviendrons bien sûr !

Il ne pouvait pas non plus contacter le colonel Berru. Reem avait la radio, seul moyen de contact possible dans cette affaire ultra-secrète. Il alluma son ordinateur afin de parcourir les nouvelles locales du Pays de Galles.

Il lut enfin sur les nouvelles d'internet, un entrefilet sur un fait qui avait eu lieu à Pembroke Docks. Il y avait même une photo. Il mentionnait la signature d'une JV entre le groupe Oersted et la compagnie locale Wave Electricity. En légende, sous la photo, on pouvait lire les noms de Robert Stewart, le fondateur de l'entreprise galloise et de Chris Andersen de la multinationale Oersted. « Ainsi donc le patron de Oersted, se dit Anicet, était sur place au moment de l'opération. Et s'il avait croisé Reem ? Peut-être était-ce une raison de son silence ? Elle a peut-être été enlevée ? »

Quelques jours plus tard, François de R. croisa Anicet le Goff dans la salle des quatre colonnes. Sans un mot, il lui remit un journal entre les mains et poursuivit vers la sortie. Il s'agissait d'un quotidien breton « Le Télégramme », dont Anicet était un lecteur coutumier. Il remonta à son bureau pour lire tranquillement la feuille de chou. Rien sur les gros titres ne retint son attention. Il passa sur les manifestations locales touristiques. Dans les dernières pages, il découvrit le fait divers qui avait retenu l'attention de son ministre : l'accident survenu à Xavier Maurault, grand fonctionnaire de l'État, au cours d'une plongée dans le Pays de Galles. Sa femme Clotilde, extrêmement chagrinée, annonçait que les médecins étaient très réservés sur le recouvrement de ses facultés intellectuelles.

L'opération avait donc réussi… Mais à quel prix ! Et si cela avait été réalisé au détriment de la vie d'une femme ? La raison d'État. Il éprouvait de l'affection pour cette jeune assistante, maintenant qu'il avait l'intuition qu'elle s'était pratiquement sacrifiée. La vaillance même. Quelqu'un qui comptait. Le téléphone vibra dans sa poche. C'était Carla.

— Allô, Anicet. J'ai trouvé quelque chose de très romantique à voir tous les deux ce soir.

— Je ne peux pas te parler Carla. Une très mauvaise nouvelle. Je te rappelle plus tard.

— OK.

Les jours passèrent et Anicet Le Goff entreprit lui-même ses recherches sur la coordination stratégique dont s'occupait Katherin Parson. Il contacta également O. Vidal du Collège de France pour une explication privée à propos de la transition écologique et de la question du contingentement des matières premières stratégiques. Eh oui, il n'y en avait pas suffisamment pour satisfaire toutes les industries demandeuses. Par chance, le spécialiste était à Paris et pouvait lui accorder deux heures de vulgarisation.

Anicet n'avait plus d'assistante parlementaire et ne pouvait plus solliciter l'agence DULUC : pour des raisons évidentes. Carla Vespuchi fut laissée de côté ou plutôt elle se sentit délaissée selon son expression. Aussi, décida-t-elle de quitter la capitale insurrectionnelle, pour retourner à Montfalcone. Dans l'avion du retour, elle se demanda jusqu'où Paris allait glisser dans la folie de la nouvelle religion écologiste, au mépris d'un peuple dont le soulèvement durait maintenant depuis presque une demi-année. Du jamais vu !

5 septembre 2010 – Mer du Nord, Champ d'éoliennes de Walney

Svend Larsson n'était pas peu fier de naviguer dans le plus grand champ d'éoliennes off-shore du monde. Il avait signé pour ce job de maintenance avec la compagnie Oersted. C'était un des plus prospères employeurs du Danemark, anciennement appelé Dang Energy. Compte tenu des enjeux de production d'énergie renouvelable en Allemagne, au Danemark, au Royaume Unis et en Suède, Goldman-Sachs avait sur les conseils avisés de lobbyistes bruxellois, décidé d'en devenir l'actionnaire majoritaire après l'État danois. Les conditions de travail lui plaisaient, sauf l'hiver, quand il y avait des coups de tabac et que la mer démontée manquait de faire chavirer son zodiac d'intervention. Dans ces circonstances dangereuses, ils travaillaient en équipe. C'était justement lors de ces moments difficiles qu'il fallait réaliser les opérations de maintenance les plus acrobatiques et dangereuses, notamment sur ces pales immenses, larges comme des carlingues d'avion. Mais il était son propre patron, une fois négocié et établi son planning hebdomadaire, chaque lundi à la base, avec son chef. Après son divorce, il avait décidé de faire table rase de sa vie à Fredericia dans le sud du Danemark pour s'expatrier au Royaume-Uni. Ce matin, en cette fin d'été, la mer était calme et il dut se rendre à l'unité AO 37 située à 30 miles nautiques. Les capteurs de la génératrice émettaient des signaux anormaux intermittents. Ce n'était pas bien inquiétant et en tout cas moins grave que le remplacement d'une pale.

Ce jour-là, la flemme était au rendez-vous. Aussi il décida de s'occuper de cette opération en priorité. Un long trajet, à l'instar d'une promenade sur une mer calme et par un temps estival magnifique, rendait cette journée proche d'une croisière. Malgré les obligations de sécurité, il quitta son gilet de sauvetage et son gros pull marin. Après une demi-heure de navigation il aperçut le mât de l'AO 37 et la rotation paresseuse de ses pales. En approchant pour accoster, il vit que la porte d'accès claquait par intermittence. Elle n'était pas verrouillée. Ce n'était pas normal. Une fois parvenu à la base du mât avec son matériel, il examina la serrure. Elle avait été forcée, peut-être par une arme ? Il se demanda à cet instant s'il devait prévenir la base par radio. Mais il se ravisa. On lui demanderait certainement d'inspecter la machinerie et de faire un rapport sur les anomalies, voire un inventaire précis des installations qui avaient été sabotées. De toute façon il fallait monter là-haut jusque dans la nacelle. Il prit tout son équipement, sans oublier une lourde clé et une lampe torche. On ne sait jamais, s'il trouvait là haut, des gens malveillants venus là pour voler des équipements ou du cuivre. Svend entreprit l'ascension du mât avec ses douze kilos de matériel, équivalente à la montée de quarante étages ! Il lui fallut une vingtaine de minutes pour arriver à la plateforme intermédiaire plus étroite. Atteindre la nacelle ne pouvait s'effectuer qu'avec l'échelle à crinoline. C'est à cet endroit précis que se trouvaient les graisseurs du gigantesque palier que l'on ne pouvait actionner que depuis l'échelle. Aussi cette traversée devint ici acrobatique, car de la graisse, il y en avait abondamment sur les barreaux de l'échelle. « Qui avait pu procéder de la sorte ? Ce n'est pas du travail ! » Svend alluma sa torche pour essuyer avec un chiffon ce qui pouvait l'être et se frayer un chemin sur les barreaux de l'échelle, mais aussi inconsciemment pour se confirmer qu'il n'y avait personne de malveillant dans la nacelle. Une odeur bizarre provenait du haut. Ce n'était pas une odeur de mer, mais plutôt celle d'un animal en décomposition. Un nid de cormorans abandonné ? La trappe extérieure avait-elle été laissée entre-ouverte ? Enfin il se hissa sur la plateforme terminale et actionna l'interrupteur d'éclairage. Sauf l'odeur qui était maintenant très forte, tout était a priori normal. Il posa son sac d'équipement , s'approcha de l'armoire électrique, l'ouvrit et s'apprêta à entamer la routine de vérification. Après avoir branché son testeur électrique il se dit que cette maudite odeur disparaîtrait en ouvrant la trappe zénithale. Le soleil pénétra alors dans la nacelle et l'air frais du large le contenta.

Enfin il aperçut une forme noire. Quelqu'un semblait allongé par terre le long de la génératrice. Il héla l'intrus : « Vous n'avez rien à faire ici. Qui êtes-vous ? » Il s'approcha et discerna à la longue chevelure qu'il s'agissait d'une femme. Il la toucha et la secoua de la main, espérant une réponse à son injonction qu'il émit avec autant de force dans la voix qu'il voulait se rassurer. Svend Larsson n'était pas ce que l'on appelle un gringalet mais, à cet instant, il avait peur. Il se leva pour retourner cette forme inanimée. C'était bien le corps d'une femme, morte et blessée au niveau du buste. Le sang était sec et avait abondamment coulé sur la tôle larmée du sol. Il prit la radio et appela la base.

« Nous prévenons les garde-côtes de Dungarvan et ceux de Pembroke Docks. Restez là. Faites le nécessaire pour les assister et avisez-nous par radio quand ce sera fini. »

Une fois le corps rapatrié à terre, la pochette étanche de la combinaison de la défunte révéla quelques indices. Elle contenait deux minuscules papiers chiffonnés, presque illisibles. L'un était une facturette datée d'il y avait au moins deux ans et l'autre représentait des signes cabalistiques disposés en cercle. Le policier qui avait réceptionné le corps rangea ces indices dans un sachet en plastique pour les remettre à l'inspecteur en charge de l'enquête. Pas de portable, pas de papiers d'identité. Ces signes inconnus pouvaient-ils trahir les origines de cette femme ?

La facturette très effacée, et donc difficile à déchiffrer, était écrite en français. Elle comportait un numéro de téléphone. Mais rien ne prouvait que cette jeune femme d'allure orientale était française. Le médecin légiste redonna espoir à l'inspecteur en ouvrant sa mâchoire.

« Les Orientaux mangent trop de sucre et tenez, regardez, nous avons de la chance, il y a une couronne sur cette prémolaire. La technique de prothèse dentaire est typique du pays où elle est effectuée. Je vais faire une radio et analyser cette couronne. Je pourrai vous dire avec certitude où et quand elle a été réalisée. »

L'inspecteur prit une photo du visage encore reconnaissable, malgré le début de gonflement des chairs, ainsi que les empreintes digitales du cadavre. Il se hâta d'envoyer par mail ces informations au fichier central de Scotland Yard. Après un coup de téléphone auprès de ses collègues de Londres, la DGSI reçut l'avis de signalement avec le rapport d'autopsie.

Le lieutenant Soupault, récemment promu, afficha le rapport en anglais sur son écran, au centre de traitement de la rue de Villiers à Levallois Perret.

Les logiciels d'analyse de données se mirent à l'œuvre pour cracher l'identité de la défunte, morte au large de la Côte Ouest du Royaume-Uni :

Reem Kertali, assistante parlementaire, diplômée de science po, âge 32 ans. Pas de casier.

Elle s'était engagée dans un régiment d'infanterie de marine en 2006 et n'avait pas renouvelé son engagement. « C'est curieux comme parcours après science po ? ». Elle avait participé à la mission Berkane dans le Sahel. « Une baroudeuse, se disait Soupault. Ce n'est quand même pas banal qu'une ex du RPIMA travaille à l'assemblée. Il faut que j'en parle au prochain débriefing. Qu'est-ce qui l'a amenée à se faire tuer dans une éolienne appartenant à une entreprise danoise ? »

Anicet le Goff assistait à une séance d'élaboration de la loi climat énergie dans l'hémicycle, lorsque son téléphone vibra et afficha un numéro inconnu. Après une hésitation, Il le réintégra dans sa poche.

Deux minutes plus tard, un léger « gling » le prévint qu'il venait de recevoir un SMS provenant de la même personne. Le message était court : « DGSI. Je dois vous rencontrer. Appelez-moi. » Ce qui gênait Anicet, c'était cette prise de contact anonyme… qui coïncidait avec les victimes, liées directement à son activité. La DGSI avait-elle tout recoupé ?

N'y tenant plus, il sortit pour rejoindre son bureau, ferma soigneusement la porte avec le verrou et composa le numéro.

— Allô, Morgane Chauvin. Que puis-je pour vous ?

— Morgane Chauvin de la DGSI ?

Il y eut un silence.

— C'est bien ça. Vous êtes ?

— Anicet Le Goff.

— Nous pouvons nous rencontrer chez vous ou… dans un restaurant parisien de votre choix pour un entretien confidentiel. Nous savons que vous avez des goûts épicuriens, Monsieur Le Goff.

Était-ce du lard ou du cochon ? Anicet se doutait bien de la nature de cet entretien et semblait étonné de cette proposition. Allaient-ils discuter de la disparition de Reem Kertali, ou pire de sa mort, dont il avait l'intuition, compte tenu des circonstances ? Mais il ne voulait pas afficher, dans son attitude et dans ses paroles la moindre culpabilité, et alla dans le sens de son interlocutrice.

— Que diriez-vous du Rosebud ? C'est un bar mythique de la rue Delambre. Il y a du Jazz sympa, on ne sera pas écouté. C'est cosy, discret, avec une vitrine très teintée. On ne voit pas les clients de l'extérieur.

— Comme bon vous semble, Monsieur Le Goff.

21 septembre 2019 – Rosebud bar, rue Delambre – Paris.

De bonne heure dans la soirée, Anicet le Goff identifia le Rosebud, que l'on appelle encore dans le quartier le bar américain. Passé la porte, il indiqua son nom. Il voulut une table loin de l'estrade et au fond de la salle. « J'ai un rendez-vous. La femme que je dois rencontrer ne me connaît pas ». Habitué à ce genre de situation, le serveur s'abstint du moindre signe déplacé et le guida jusqu'à ce qui lui semblait être la table idéale. « C'est bien, fit Anicet. » Et il s'assit, puis compulsa sa messagerie.

La salle se remplit petit à petit. Beaucoup d'étrangers connaissaient ou avaient été recommandés vers ce bar du quartier de Montparnasse. Un homme, tout ce qu'il y avait de plus français, coiffé d'une casquette pour faire genre, prit place sur l'estrade et empoigna un saxophone. Il entama un morceau connu d'un ténor américain. « Je crois reconnaître Johnny Hodges, à moins que ce soit John Coltrane ? » se dit Anicet. Il n'en était pas sûr et attendait l'annonce possible du musicien à la fin du morceau pour confirmation. Mais il poursuivit sans un mot. Les notes suaves du saxophone emplissaient la salle. Juste ce qu'il faut. L'éclairage, la musique et les convives qui avaient le bon goût de ne pas rire aux éclats : tout cela était dans le ton. Une femme d'âge mûr, assez distinguée, attendait à la porte qu'un serveur vienne à sa rencontre. Après un bref échange, elle se dirigea droit sur Anicet. Arrivée à sa table, elle lui sourit en lui tendant la main :

— Morgane Chauvin, s'annonça-t-elle. Le jazz est bon ?

— Oui, c'est un bar pour connaisseurs. Ce choix atypique vous convient-il ? Un cocktail ? Lui demanda-t-il en lui tendant la carte.

Ils s'échangèrent des banalités et au moment où ils commencèrent à siroter leurs cocktails, Morgane Chauvin en vint au fait, directe :

« On a retrouvé votre assistante parlementaire assassinée en haut d'une éolienne. Pas banal comme meurtre ! » Elle le regarda fixement après avoir posé sa voix, pour analyser, à cet instant, l'expression d'Anicet. Bien qu'il reçût le choc de cette nouvelle et en fut bouleversé, il feignit l'indifférence et n'eut aucune réaction en retour. Il était impatient qu'elle poursuive. Il ne s'attendait pas à ce que les hommes de Chris Andersen en soient allés jusqu'au meurtre. Que savait-elle de plus ? se demanda-t-il.

— Il y a deux choses qui sont troublantes et qui viennent de nous être communiquées par Scotland Yard. Le rapport d'autopsie date la mort vers le 21 août. Le décès survint peu de temps après qu'elle reçut une balle dans le cœur, tirée à bout portant. Détail inhabituel, elle était vêtue d'une combinaison de plongée. Or ce jour-là, un de nos compatriotes, Xavier Maurault de la Sûreté Nucléaire, a eu un accident de décompression, signalé par le centre de plongée de Pembroke Docks. Puis, on a trouvé une radio transmission militaire dans le sac de sport de la défunte, récupéré quelques jours après, dans les vestiaires du même centre.

L'accident de plongée, serait semble-t-il une coïncidence, car le moniteur qui était avec elle, a attesté qu'elle faisait partie d'une autre palanquée que celle de Maurault. Elle ne l'a pas approché dans l'eau. Mais pourquoi cette radio transmission ? Elle était votre assistante Monsieur Le Goff ?

— Euh, oui, je l'ai engagée récemment pour mener des enquêtes de terrain. La mission précédente, s'est déroulée en Cappadoce. Elle ne m'a jamais fait part de situations présentant des risques. Aussi, je n'arrive pas à imaginer qu'elle courrait un danger à Pembroke Docks. Après avoir enfin digéré la nouvelle, son visage traduisait sa stupéfaction. Si j'avais su comment ça allait se terminer !

— Bien que tout cela se soit déroulé en dehors du territoire et donc en dehors de ma juridiction, je peux vous demander sur quoi portent ces enquêtes ? On est loin de l'élaboration d'une loi me semble-t-il.

Anicet finit son verre. Il respira profondément plusieurs fois, en réfléchissant sur la façon avec laquelle il pourrait formuler l'explication la plus claire et la plus crédible possible. Il ne voulait pas qu'elle prête le flanc à des soupçons.

— Je suis moi-même en assistance de Bertille de Montvallon, la rapporteure de la nouvelle loi climat énergie. Le gouvernement s'est mis réellement à l'écologie sur le tard. Aussi, en même temps qu'on élabore la loi, il veut avoir une vision exhaustive des forces en présence sur la scène internationale en matière de transition énergétique. C'est-à-dire : quels sont les ténors industriels, les lobbies, les influenceurs ? Cela a vraisemblablement amené Reem Kertali jusque dans cette éolienne.

— Le champ d'éolienne appartient au groupe danois Oersted.

— C'est en l'occurrence l'un des ténors sur lequel je me renseigne.

— Bien, Monsieur Le Goff, dit-elle en se levant. J'ai été ravie !

Il se détendit un peu après son départ et commanda un deuxième cocktail. Apparemment, elle n'était pas au courant de l'implication des forces spéciales. Comment pouvait-elle savoir d'ailleurs ? L'opération avait été menée de façon très professionnelle. Les notes ensorcelantes du saxophone, l'excès de vodka, le plongeaient dans une certaine torpeur. Pourtant, il avait froid dans le dos en imaginant Reem Kertali poursuivie et assassinée par des représentants d'Oersted. Ceux-ci devaient être très déterminés. Qu'avaient-ils donc à cacher ?

Il était bien le responsable de cette mort et en était très peiné. L'opération aurait-elle pu se dérouler sans elle ? Il ne voulut pas demander des détails au colonel Berru, au risque que toute l'opération apparaisse au grand jour. Sur ce point il était rassuré… Elle ne savait pas.

Il voulut en apprendre plus sur les auteurs de ce meurtre, tout du moins sur leur mobile. Qu'est-ce que ces entreprises, avec des capitaux publics, pouvaient-elles cacher ? Le point d'entrée c'était bien sûr Ingmar Rhentzog que Reem Kertali avait rencontré. Il lui adressa un message sur son think tank en se présentant comme député en charge de la nouvelle loi française climat énergie. Il le sollicita pour le rencontrer sur place à Ostersund, afin d'échanger sur les bonnes pratiques en matière d'écologie. Il reçut le lendemain une réponse très enthousiaste, avec l'opportunité de rencontrer « la grande prêtresse » avant son départ, s'il faisait vite. C'est-à-dire, s'il se rendait en Suède avant le 10 octobre, début de la tournée mondiale d'Hilda Lindberg.

Deux jours plus tard, avait lieu la rentrée parlementaire. François de R. appela Anicet pour réunir le fameux trio avec Bertille de Montvallon au ministère.

23 septembre 2019 – boulevard Saint Germain, Ministère de l'Ecologie - Paris

— Bonjour Anicet, salua le ministre. Je t'ai fait venir plus tôt pour faire le point avec toi en tête-à-tête. Je préfère le tutoiement avec toi comme avec Bertille. Tu es d'accord ?

— Oui, bien sûr.

— Ton affaire ressemble au jeu à treize : chacun se rejette la patate chaude - la DGSI, la DGSE… En tout cas, Madame Chauvin que tu as rencontrée ne veut pas s'en saisir.

— Je sais maintenant qu'elle ne sait rien pour Maurault. Le faux CV de Reem Kertali a très bien fonctionné. Elle n'a pas fait le rapprochement avec le cabinet DULUC.

— Ils ont été contactés, mais n'ont rien dit. C'est leur point fort : la discrétion. Ils sont connus pour ça. Ils ont une réputation !

— C'est désormais l'Intelligence Économique qui t'assistera pour tes investigations à l'étranger. Après tout, ça relève bien de leur compétence ! Nous nous sommes mis d'accord avec la ministre des Armées et celui de l'Économie. La DGSE, cela aurait été trop risqué. Ils auraient tôt ou tard fini par savoir pour notre plongeur. Et en fin de compte, c'est bien une affaire d'intelligence économique qui nous occupe. Pas une action commando.

— Oui, François. Je te confirme que je ne suis pas un baroudeur et préfère en rester aux investigations, dit-il en songeant à sa collaboratrice décédée.

— l'I.E. ce sont des geeks, des hackeurs qui passent toute la journée derrière un écran pour effectuer de la veille. Nous n'avons pas encore sélectionné la personne dont le profil conviendrait pour travailler avec toi. Mais ce n'est qu'une question de temps. Ils vont trouver !

Le ministre regarda sa montre. « Ah, bientôt l'heure de notre rendez-vous. Tu verras, Bertille a été transformée par cette période de congé. Elle a une idée géniale. Laisse-la nous en parler.

Bertille de Montvallon entra à son tour dans le bureau du ministre. Contrairement aux fois précédentes, elle était tout sourire et entreprit même de faire la bise à Anicet. Une fois assise, François de R. lui demanda des nouvelles de ses vacances… même s'il connaissait toute l'affaire.

Bertille, raconta, le visage illuminé de plénitude, ce que lui avait apporté cette semaine de retraite d'immersion en pleine campagne qu'elle avait passée dans un monastère orthodoxe, adepte des préceptes de Pierre Rabhi et de son mouvement « colibri ». L'étonnement de ses interlocuteurs nécessita un bref rappel du but de ce mouvement qui avait porté un candidat à l'élection présidentielle de 2002.

La pratique des sœurs, faite d'une agriculture raisonnée, respectueuse du sol et frugale en ressources, l'avait conquise. Ce monastère semblait vivre avec bonheur des fruits de son travail. Bertille de Montvallon en était sortie confortée dans sa conviction que la société, à condition qu'elle soit organisée pour subvenir à ses besoins indispensables et qu'elle rejette le capitalisme et la consommation, pourrait vivre de façon autonome sans abîmer la planète. Elle souligna les vertus du troc, dont la popularité revenait en force.

— Jusqu'ici, nous n'avons raisonné que de façon punitive en matière d'écologie avec des taxes, des pénalités et des contraintes dans notre projet de loi. Les personnes modestes vont rejeter en force toutes ces mesures punitives au moment où elles vont devoir entrer en vigueur. Les gilets jaunes vont à nouveau manifester, c'est sûr !

— Que voulez-vous faire d'autre Bertille ? Vous savez bien, dit le ministre, que le rôle de l'État se résume à imaginer et faire voter de nouvelles taxes, à les appliquer… et parfois, à les redistribuer quand il reste un excédent de budget. Il était volontairement provocateur pour qu'elle dévoile enfin son idée.

— C'est parce que l'on manque d'imagination. On peut impulser une démarche écologique sans nuire aux gens démunis. Vous savez, je suis élue d'une région peu développée, la Haute Loire, qui compte de nombreux villages abandonnés par la République. Presque exsangues, ils se repeuplent petit à petit, depuis le début de l'exode urbain, par des jeunes qui en veulent et bousculent les autorités locales pour changer les choses. Ils demandent, par exemple, à pouvoir disposer des églises pour organiser des réunions d'entraide entre habitants. On le leur a refusé parce qu'ils se disaient agnostiques. J'ai appris que dans ma région, seuls 3% des jeunes croient en

Dieu*. Dans une génération, le catholicisme aura disparu de la Haute Loire et ne survivra que dans les EHPAD.

Alors, ces églises que les mairies entretiennent, il faut bien leur trouver un nouvel avenir !

— Y-a-t-il vraiment des projets qui se mettent en place au cours de ces réunions informelles entre villageois ? demanda Anicet.

— Oui, oui, c'est du concret. Elles sont loin d'être sottes, ces propositions, sous la forme de bonnes pratiques et d'organisations d'entraide. Et ce qui est intéressant, c'est qu'elles développent l'écologie sans négliger pour autant les impacts sur le social.

— Cela m'intéresse Bertille. Je voudrais vous accompagner pour constater tout ça, demanda Anicet.

En se tournant vers elle, il vit que son chemisier était déboutonné près du col et qu'elle avait une marque dans le bas de la nuque, comme une sorte de tatouage.

Le ministre conclut la réunion en soulignant sa tournure positive. Il encouragea la bonne entente entre ces deux parlementaires et qui sait, un début de collaboration ? Il trouvait enthousiasmante la pratique de réunions d'entraide entre villageois néophytes, ainsi que la proposition de mettre à leur disposition des églises pratiquement inutilisées. Ça ne coûterait rien à l'État et rendrait cette initiative plus populaire que des taxes.

Où sont passés les catholiques ? Sciences humaines. Colette Muller, Jean-René Bertrand, juin 2003

Et puis, les catholiques pratiquants n'avaient-ils pas déjà intégré l'idée de la PMA et de la GPA sans trop rechigner ? Ça pourrait passer !

Au moment des adieux, Anicet passa derrière Bertille et lui saisit le dos du col, prétextant un bouton qu'il fallait remettre en place. Elle se laissa faire.

Quelques minutes plus tard, François de R. reçut un SMS.

« Bertille a un tatouage des trigrammes de Bagua dans le dos. Elle fait partie de la même secte que ta fille. »

Puis un autre message : « Je vais faire un tour au Jämtland, à Ostersund, pour faire connaissance avec les donneurs de leçons d'écologie. À bientôt ».

28 septembre 2019 – Saint-Marcel, Saône. Audit par l'ASN de Creusot Forge.

Dès qu'il apprit la nouvelle à propos de l'accident de Xavier Maurault, le Président contacta l'ASN pour demander un nouvel audit. Il fallait tirer au clair ces histoires de soudures non conformes qui paralysaient l'achèvement et la mise en route de l'EPR. L'EDF n'avait-elle pas tout misé sur cette filière en affirmant que l'éolien, c'était un gadget, qui servait surtout à se donner bonne conscience vis-à-vis des autres pays européens ?

La demande écrite, avec en-tête de l'Elysée, arriva dans les bureaux de la rue Louis Lejeune à Montrouge. Qui allait-on désigner pour éplucher à nouveau les dossiers du Creusot ? Les relations entre l'ASN et Creusot Forge étaient restées exécrables depuis plus de dix ans. Des malversations avaient été découvertes dans les rapports de contrôle des composants du circuit primaire, ce qui avait valu le licenciement de deux directeurs qualité successifs. Au sein de l'autorité de sûreté nucléaire, on profita alors que le nouveau commissaire n'était pas encore nommé, pour demander à ce jeune binôme, presque stagiaire, d'effectuer ce nouvel audit.

Julien et Émilie, tous deux diplômés de l'École des Mines et nouvellement embauchés, y croyaient, eux. Ils étaient même enthousiastes à l'idée de mener l'audit, commandité au plus haut niveau de l'État. Leurs collègues leur avaient souhaité sincèrement bon courage ! Les relations entre Areva, Le Creusot et l'ASN relevaient du combat entre pyromanes dans une poudrière…

Les premiers contacts qu'ils prirent avec le site furent fraîchement accueillis, mais demeuraient néanmoins professionnels. On leur confirma qu'ils auraient accès aux procédures, aux ateliers et aux derniers rapports métrologiques et de tests.

Le jour J, le directeur de Creusot Forge en personne leur fit faire le tour du site, non sans occulter les déboires des années précédentes en matière de maîtrise de la teneur en carbone des pièces constitutives du cœur du réacteur. Il énuméra les mesures mises en œuvre pour restaurer la confiance de l'ASN et des clients : « On a lancé des embauches – une quinzaine depuis le début du plan. On a remis à plat les procédures, mis à jour l'assurance de la qualité, formé les personnels. La surveillance a été renforcée. »

Côté technique, les procédés de fabrication avaient bien été retravaillés pour éviter à nouveau les anomalies de concentration de carbone. « On ne fera plus ce genre de pièce au Creusot tant que l'on n'aura pas développé de nouveaux procédés , affirma-t-il. Huit millions d'Euros ont été investis dans la forge en 2017, et on va continuer l'année prochaine. On y met les moyens !»

Tout avait l'air d'équerre, même si Le Creusot ne pouvait pas encore remplacer la cuve défaillante de Flamanville.

Selon Annie, l'investissement budgété était loin d'être à la hauteur d'une forge, dont le niveau technologique est d'intérêt stratégique. Ce n'était même pas le prix d'une presse !

Julien lui avoua qu'il avait contacté le délégué syndical pour avoir un autre éclairage sur la réalité du terrain. « Je crois qu'il pourra nous recevoir dans une heure. Il nous informera et nous guidera au dernier moment au lieu de rendez-vous. Il prend ses précautions. Ici c'est l'omerta ! »

Jean, le coordinateur CGT du site prit la parole.

— Je ne sais pas ce qu'on vous a dit mais ici, la situation est catastrophique. On a eu des licenciements et des plans sociaux alors que la charge de travail augmentait. C'est ce qui a complètement désorganisé l'entreprise, parce qu'il manquait une vision industrielle, tout ça pour qu'on s'aperçoive en définitive qu'il fallait rembaucher des gens. D'un côté, on nous inflige un plan de départs volontaires en faisant partir des salariés expérimentés et de l'autre on nous demande de nous tenir prêts pour forger certains composants du futur réacteur EPR d'Hinkley Point en Angleterre. Nous risquons de ne pas tenir les délais. En conséquence, certaines pièces pourraient être forgées ailleurs.

— D'autres fournisseurs auraient-ils proposé à Areva de forger des composants ? demanda Julien.

— Oui, une compagnie suédoise. Je ne me souviens plus de son nom. En tout cas, Areva a fait pression sur nous en nous menaçant de nous mettre en concurrence. Si nous ne sommes pas capables, d'autres sont prêts parait-il et pourraient fabriquer à notre place !

— Merci, Jean, pour votre témoignage.

Cet audit montrait à l'évidence, que l'Etat responsable n'avait pas été à la hauteur pour maintenir à niveau une industrie stratégique, alors qu'il en avait fait la promotion en Angleterre, en Chine et en Norvège. Xavier Maurault était bien dans son rôle pour bloquer l'avancement de l'EPR. Il a été le fusible de ce désastre et avait payé de sa vie pour rien, semble-t-il. Les pertes de compétences et l'état de l'outil industriel étaient préoccupants. Mais comment une entreprise sidérurgique suédoise pouvait-elle proposer de fabriquer les composants du cœur de l'EPR alors que la Forge du Creusot n'y parvenait pas? Qui avait fourni les plans ?

La plupart des commentaires de l'audit sont issus de cet article : Dans l'usine du Creusot ; trois décennies d'une gestion défaillante. Reporterre -

Émilie Massemin, octobre 2017. Néanmoins, à ma connaissance, Areva n'a jamais menacé la forge du Creuzot de mise en concurrence.

1er octobre 2019 – Ostersund, Jämtland, Suède.

Bien que situées en Europe, on ne s'imagine pas l'éloignement de ces petites villes du nord. Rien de moins que neuf heures pour arriver à l'aéroport d'Are Ostersund-Frösön après une escale à Stockholm - Arland Ar. Pendant deux heures Anicet Le Goff patienta dans la salle d'embarquement. Il en profita pour observer le microcosme aéroportuaire de ce curieux pays. Ce qui le frappa d'abord, c'était la lenteur avec laquelle les employés de toutes tâches se déplaçaient, balayaient ou même servaient des bières. Il n'y avait aucun Suédois de souche dans ce hall, hormis les passagers. Mais à sa grande stupeur, tous parlaient la langue. Il s'étonna d'entendre un beur parler suédois… Chez les hommes, c'est la chevelure grisonnante qui dominait. Pour voir de jeunes suédoises, vous repasserez !

Beaucoup de pubs empruntent des photos de la nature, bien sûr préservée dans ce pays modèle, avec de jeunes enfants pour témoigner du bonheur d'y vivre et des parents derrière, ultra-attentifs à leur progéniture. En faisant les cent pas, au détour d'une boutique de l'Occitane, une affiche montrait un restaurant sur pilotis au coucher du soleil. Les convives affichaient tous un sourire « Ikea » et semblaient vanter les qualités gastronomiques d'Ostersund. Il prit son traducteur de poche, celui que Reem avait laissé dans un de ses tiroirs, pour lire cette affiche : « Ostersund, capitale de la gastronomie suédoise ! »

Sur la route entre l'aéroport et l'hôtel, Anicet constata que la région était surtout connue pour les sports d'hiver, les randonnées en traîneau ou en raquettes. Et puis il vit le panneau de la station de ski de Funäsfjällen. Le chauffeur confirma qu'elle était très renommée et l'une des plus grande de Scandinavie. « C'est un rendez-vous habituel des habitants de la capitale qui veulent goûter la nature et voir les animaux sauvages comme les loups et les ours. D'ailleurs, Ostersund propose des sortes de safaris du nord. C'est très populaire chez les jeunes ! renchérit le chauffeur ». En cette fin d'après-midi, le soleil couchant et la fraîcheur de l'automne étaient bien là. L'hôtel était situé en bordure du lac Storsjön. Ce devait être idyllique en pleine saison d'été. Mais à cette époque de l'année, la grande terrasse avec ses parasols pliés paraissait incongrue. Anicet se renseigna sur ce qu'il pouvait faire pour tuer le temps jusqu'à la fin de la journée. Le maître d'hôtel lui indiqua une promenade et une bonne table accessible à pied.

Un feu de cheminée, une musique commerciale qui n'aurait pas dépareillé dans les rayons d'Ikea, constituaient les uniques artefacts d'animation autour du buffet. Anicet, qui commençait à bien maîtriser l'utilisation de son traducteur, se plut à le tester sur les lignes de la carte : viande d'élan aux airelles, gravad lax : filet de saumon cru accompagné de poivre, d'aneth et d'autres ingrédients servi sur une tranche de pain toastée, Köttbullar : boulettes de viande à base de bœuf ou de porc haché, de pain trempé dans du lait, d'oignon et d'œuf, salami de renne, blodpudding ; boudin à base de lard d'oignon, de sang de porc et de piment servi frit dans du beurre et la même confiture d'airelle, incontournable…

Alléché par ces descriptions flatteuses, il s'avança vers le buffet et entama un coup d'œil circulaire afin de vérifier la présence des mets les plus exotiques qui le tentaient. Enfin il trouva le gravad lax dont-il se servit copieusement et commanda une bière.

« Jusqu'à maintenant ce n'était pas terrible, se dit-il » et ne put s'empêcher de se rappeler ce merveilleux dîner chez Lasserre pour l'anniversaire de Carla. « Comment peut-on imaginer que le protestantisme se soit acharné à réduire le plaisir de la bonne chair, au rang de besoin physiologique ? » Il quitta sa table sans regret en jugeant que seule la note était correctement salée…

Le lendemain à l'heure du petit-déjeuner, il avait neigé. Depuis la salle à manger, le panorama du lac et de ses abords immaculés, exempts de traces, était un bonheur des yeux. Les enfants se dépêchaient pour se rendre à l'école. Le chemin longeait la rive. Certains avaient même sorti leur traîneau. Ils n'avaient pas encore l'adresse que l'on acquiert qu'après quelques mois de pratique. Ils avaient du mal à le pousser et à le diriger.

L'heure du rendez-vous approchant, Anicet se leva et ordonna un taxi.

« Global Utmaning », demanda-t-il au chauffeur. Il n'avait pas l'adresse - uniquement le nom de la société.

Le chauffeur consulta une sorte de livret municipal, puis démarra. Cette ville était très aérée et comportait une partie historique composée d'énormes maisons bourgeoises du début du XIXe. Il stoppa devant l'une d'elles. Sur le fronton, il aperçut un vieil écusson sur lequel on pouvait lire : « coopération nordique ».

 Ingmar Renthzog n'avait pas l'apparence à laquelle il s'attendait : c'était un jeune homme pas très grand, la figure juvénile avec des lunettes rondes en écaille, comme quelqu'un qui sortait de l'université. Il lui répondit en français ce qui dans ce pays était le signe distinctif d'une origine bourgeoise aisée et d'une excellente éducation. Il souhaita la bienvenue à Anicet.

— Bonjour Monsieur Le Goff ! Ravi de rencontrer un député français dont le pays a été l'instigateur du fameux traité de Paris !

— À mon tour de vous saluer Monsieur Rentzhog. Je suis admiratif de votre français !

— C'est un reste du collège franco suédois de Stockholm. Par la suite, j'ai été en Californie à l'université. Vous êtes ici dans l'ancienne demeure de Katherin Parson, issue d'une famille très connue de la région. Elle a même été ministre il y a une dizaine d'années. Maintenant, elle nous loue cette maison pour un montant symbolique.

— Elle s'occupait de la coopération nordique ?

— C'est ça. Ah oui, vous avez vu l'enseigne sur la maison.

Que nous vaut la visite d'un député français dans notre modeste bourg d'Ostersund ?

— Et bien, en matière d'écologie, il faut reconnaître que vous êtes en pointe et reconnus au-delà de vos frontières. Je suis curieux de savoir d'où vient ce soudain engouement pour Hilda Lindberg ? Ce n'est pas le fruit du hasard, je pense. Je voudrais comprendre comment vous êtes organisés.

Ingmar Hentzhog réfléchit. Il respira profondément pour se laisser le temps de décider s'il dirait tout ou se limiterait à une réponse de façade. Il avait en face de lui quelqu'un d'expérimenté qui s'était donné la peine de venir jusqu'ici. Il choisit la franchise. « Suivez-moi, dit-il. Je vais vous expliquer. Prenons cette salle. »

Ingmar Renthzog commença par la coopération nordique fondée par l'ex-ministre en argumentant :

— Vous savez, nous, nordiques, avons une culture du groupe et du consensus. Katherin a obtenu très facilement que des représentants de grandes sociétés suédoises bien sûr, mais aussi danoises, finlandaises et même anglaises rejoignent l'organisation qu'elle voulait mettre en place. Individuellement, nous sommes de petits pays, mais en regroupant nos forces au niveau d'une coopération scandinave large, nous pouvons faire de grandes choses. C'est maintenant le cas ! Katherin Parson a obtenu que nous ayons une stratégie commune en matière industrielle, en matière d'utilisation des ressources et que nous convergions vers un même but : bâtir notre leadership sur les énergies de demain qui préservent l'environnement. Aujourd'hui, je peux dire que nous sommes sur la bonne voie. Avec Oersted, qui est un leader mondial des éoliennes off-shore ainsi que la sidérurgie suédoise qui va produire d'ici deux ans, de l'acier sans aucun rejet de CO_2.

— Sans rejet de carbone, donc sans charbon ?

— Oui, en utilisant l'hydrogène comme combustible.

— Et vous-même Monsieur Rentzhog ? Je ne vous imagine pas en industriel.

— En effet. J'ai une formation en marketing et ai fait mes premières armes sur les réseaux sociaux chez Facebook. Katherin Parson m'a demandé de créer un « think tank », pour faire connaître son organisation et délivrer un message d'écologie. Aujourd'hui, Global Utmaning compte plus d'un million de followers. Nous avons alors commencé à démarcher de grosses entreprises traditionnelles en Allemagne, pour les inciter à investir dans des unités de production d'énergie renouvelable, sans grand succès il faut l'avouer.

Il y a deux ans nous avons été approchés par un membre des Global Shapers, un groupe de jeunes entrepreneurs, émanation du forum de Davos. Il nous a fait savoir que de grandes firmes internationales voulaient se donner une bonne image écologique et qu'ils souhaitaient que nous les aidions. Une sorte de greenwashing.

Amnesty International nous a contacté également. Nous avons appris ainsi que les sociétés qui se targuaient de commerce équitable, d'exemple en matière de lutte contre l'effet de serre étaient en réalité les pires en la matière. Ces grosses boîtes voulaient ni plus ni moins , sans rien changer et sans investir, acquérir un label « green ».

Nous ne nous sommes pas laissés piégés par ces combines et avons dénoncé les pratiques de deux d'entre elles sur les réseaux sociaux. Au dernier forum de Davos, nous étions présents, au titre de fondation, mais nous ne sommes pas intervenus. Beaucoup de patrons sont venus nous voir spontanément et nous ont promis des dons. Ces fonds ont été mis à profit pour la signature d'une J.V. avec une start-up galloise spécialisée dans la récupération de l'énergie de la houle : Wave Electricity.

— En fait, ce que vous me racontez là, ce n'est ni plus ni moins qu'une géniale opération de marketing doublée d'un pragmatisme entrepreneurial. C'est plutôt du bon capitalisme que du militantisme écologique. Vous ne trouvez pas ?

— Nous ne comprenons pas l'attitude de certains qui se limiterait aux incantations et batailleraient uniquement pour les élections. L'écologie est un énorme enjeu qui pour sa réussite, nécessite de déployer des capitaux, des moyens industriels, un approvisionnement en matières premières, tout cela à un niveau mondial. Pour ce qui concerne la Coopération Nordique, nous sommes actuellement en pourparlers avec Shenghe Resources Holding, la société chinoise exportatrice de terres rares. Elle en détient le monopole.

Anicet Le Goff prit cette dernière remarque à son compte. Elle n'était pas sans rappeler le show-off des mouvements écologistes que nous connaissons bien et que nos médias nationaux s'empressent de relayer.

— Et Hilda Lindberg ? questionna Anicet Le Goff. Elle n'a pas entendu des voix comme Jeanne d'Arc lui ordonnant de partir en croisade pour sauver la planète ? Tout cela est bien orchestré.

— Elle a un indéniable charisme que nous nous contentons de mettre en valeur. Vous avez de la chance ! Elle est ici. Je l'appelle.

Hilda Lindberg entra silencieusement dans la pièce. Elle se posta à distance devant Anicet Le Goff et l'observa des pieds à la tête. Il eut l'impression qu'il était soumis à un scanner et n'osa pas faire le premier geste pour lui serrer la main. Son visage était figé, sans sourire. Ses yeux brillaient et témoignaient à ce moment précis d'une grande concentration.

— Vous ne connaissez pas Gaïa. Vos mains témoignent que vous n'avez jamais été en contact avec la terre pour cultiver la vie. Vous êtes du parti conservateur ?

— Il ne put que confirmer. Son profil Facebook indiquait toujours, malgré son implication récente comme écologiste, qu'il était encore adhérent du parti L.R.

Ingmar Rentzhog vint à son secours.

— Anicet Le Goff est maintenant en charge de bâtir la nouvelle loi française : énergie climat. C'est à ce titre qu'il est venu jusqu'ici. Il n'est plus actif dans le parti L.R., dit-il, en se tournant vers Anicet en implorant de son regard, la confirmation de ce qu'il venait de dire.

Anicet confirma son activité et qu'à ce titre, il rapportait directement au ministre François de R.

— Il ne faut plus tergiverser avec des mesurettes. La planète a trop chaud ! L'activité des hommes doit maintenant être exclusivement consacrée à sauver notre terre. Je démarre une croisade cette année. Il faut que je rencontre les chefs de tous les États pour les convaincre d'agir. Sinon, nous disparaîtrons.

Anicet remarqua un tatouage sous son poignet droit. Une figure comme une sorte de roue. Où avait-il vu un signe semblable ? Il essaya de se souvenir.

Ingmar le raccompagna en tentant de lui faire comprendre l'attitude d'Hilda à son égard. « Vous savez, elle est jeune et très habitée par la cause écologique ! Il faut faire preuve de tolérance…

Vous restez ici encore un peu ? Je vous conseille de visiter Lofsdalen. Si vous aimez les chutes d'eau spectaculaires, il y a celle de Storforsen, l'une des plus hautes de Suède ! »

Anicet le remercia pour son accueil ainsi que pour les informations qu'il avait bien voulu lui dévoiler. Il se dit en lui-même combien l'écologie, vue du boulevard Saint Germain, devait être incompréhensible pour les gens d'ici. Néanmoins, il lut à l'aéroport, un entrefilet du journal local Apfonbladet à propos de manifestants qui militaient contre l'ouverture prochaine d'une mine de terres rares. La vie des rennes et des élans en serait affectée. Mais les manifestations ne prenaient pas encore la tournure d'un soulèvement musclé de zadistes suédois…

20 octobre 2019 – Pradelles , Haute-Loire

Ça y était ! Le grand jour du retour aux sources et de la première grande expérience d'autosuffisance d'un village français était arrivé. « Bertille de Montvallon m'invite officiellement à venir constater les fruits de la solidarité, de l'entraide et de l'autoproduction d'un potager bio de son village pilote : Pradelles ». Anicet Le Goff, constatant l'éloignement géographique de Pradelles par rapport aux transports en commun comme, le train (50 km), l'avion (150 km), lui proposa tout simplement de s'y rendre en voiture ; en covoiturage ! pour employer un terme écolo responsable. Ce n'était malheureusement pas ce qu'ambitionnait Bertille. N'incarnait-elle pas l'image écologique du gouvernement ? Elle lui répondit sèchement qu'elle s'en occuperait. Il n'était pas concevable que « La » députée en charge de la nouvelle loi climat énergie débarque à Pradelles en banale voiture, brûlant de l'énergie fossile, et ce devant la presse locale…

Deux jours plus tard, il fallut se rendre à l'évidence qu'en dehors d'un transport individuel, point de salut ! Anicet Le Goff voulant conserver le début de capital sympathie qu'il avait acquis avec elle, prit l'initiative de se renseigner auprès des questeurs de l'assemblée . Par chance, il y avait trois voitures électriques à la disposition des députés, dont une Tesla. Avec un tel engin, on pouvait traverser la moitié de la France d'une traite ! Bertille finit par accepter.

Ils partirent de bon matin. Elle tenait à cœur de peaufiner son discours pendant qu'Anicet conduisait. Le trajet commençait à être ennuyeux et une pause-café à l'arrêt d'autoroute permit de délier la langue de notre rapporteuse.

— Tu sais, Anicet, à propos de cette nouvelle loi, je prends un risque énorme en me débarrassant des taxes. J'ai compris, au contact de ces petits villages perdus du centre de la France, que les habitants avaient des besoins plus vitaux à satisfaire que l'isolation thermique de leur habitat plusieurs fois centenaire. Ce qui est important à mes yeux, c'est que les communautés de ces bourgs isolés, retrouvent la solidarité et l'entre-aide d'antan. Un village qui est autosuffisant est pour moi un village écologique qui pourrait atteindre tôt ou tard la neutralité carbone !

-- Je t'approuve Bertille, en tentant d'éviter les taxes. C'est même plus que salutaire après ce que nous avons vécu avec les gilets jaunes ! Combien d'habitants, ton village ?

Et ils reprirent la route, mutuellement rassurés de trouver un intérêt à ce long trajet.

— Trois cent cinquante habitants, moitié de vieux, moitié de jeunes. Il y a vingt ans, il en comptait le double. C'était pratiquement un mouroir, un EPHAD fortifié sur son piton rocheux. Puis l'exode urbain amena son lot de Lyonnais et de Parisiens, pour le repeupler. C'est pour ça qu'il est intéressant pour notre expérience !

— Ces néoruraux, j'imagine qu'ils sont en demande de commerces, d'infrastructures, de liaison haut débit ?

— Oui, surtout pour remettre en place l'école qui a bien sûr fermé, et aussi quelque chose de plus original qui contribue à l'intérêt touristique du village : le vélo rail.

— Qu'est-ce que c'est ?

— Des sortes de draisiennes construites par les villageois avec de vieux vélos. Ils proposent aux vacanciers un parcours touristique en réutilisant une voie de chemin de fer désaffectée. Le maire du village, Roger Houdard est une figure. C'est un ami. Il m'a totalement appuyée, en particulier pour ouvrir l'église. Elle n'est plus réservée au culte pour les anciens qui n'a lieu que toutes les six semaines, faute de paroissiens et de curé. C'est devenu un lieu de solidarité laïque, si j'ose dire, pour le traitement en commun et spontané des problèmes du village, mais sans le formalisme d'un conseil municipal. Cela fait maintenant un mois que l'opération a démarré. J'espère qu'on verra déjà des résultats.

Ils arrivèrent un peu avant l'heure prévue, l'occasion de déambuler pour se détendre le dos et pour visiter. Les nuages s'amoncelaient au-dessus des ruelles pavées en schiste gris, qui lui donnaient un air sévère. Au détour d'une arche et d'une échauguette, une fenêtre entre-ouverte laissait échapper un dialogue entre une petite fille et sa mère. L'apprentissage d'une récitation ? Non, Lætitia répétait son rôle dans la pièce de théâtre montée pour la fête du village. Un peu plus loin, ils perçurent de légers gémissements d'un vieil homme qui voulait laisser tomber les médicaments et les soins quotidiens d'une infirmière à domicile. Bref, la vie feutrée d'un village minuscule, comme il y en tant et tant et qui fait, selon Bertille de Montvallon, le ferment d'une nouvelle république écologique. Les bordures de fenêtres fleuries, les volets repeints, tout dénotaient d'un élan commun des habitants pour décrocher la fameuse distinction de « plus beau village de France ». Bertille avait raison, on imaginait mal des doubles vitrages remplacer ces quelques magnifiques fenêtres à meneaux et les façades de pierre pleines d'histoire, cachées par les quatorze centimètres de laine de roche réglementaire, pour décrocher la fameuse estampille « C » de l'habitat conforme aux règles européennes de l'isolation thermique.

Anicet Le Goff n'osa pas lui demander si elle n'avait pas oublié, dans ses soucis de s'occuper de la roture, où se trouvait le château familial.

« Voilà la place et l'église romane dont je t'ai parlé ». Patientaient là une vingtaine de personnes qui attendaient le maire et l'ouverture de l'église. Tous des jeunes. Quelques poignées de main à visée électorales pour prendre contact, doublées de questions sur leurs origines, permettaient de patienter.

« Voilà, voilà, j'arrive ! fit Roger Houdard qui tomba dans les bras de Bertille. Bon voyage ? »

Enfin, ils entrèrent dans cette nef sombre et on ne peut plus fraîche. Certes, il n'était pas facile de réchauffer ces murs de deux mètres d'épaisseur ! Le maire et la députée se tinrent côte à côte autour du micro. Il aurait été incongru de se placer devant l'autel ou dans la chaire pour donner l'image d'un sermon religieux.

Bertille de Montvallon entama la réunion qu'elle annonça comme simple, sans chichis et qu'elle voulait propice à des échanges sincères. Elle répéta les thématiques du moment : l'école, l'épicerie coopérative, la mise en place du vélo rail, un succès. Mais elle s'étonnait, en se tournant vers le maire, de l'absence des anciens. « Ils ne se sentent pas concernés par la vie du village ? Et ces terrains qu'ils s'étaient engagés à mettre à disposition des jeunes afin de les défricher et de les exploiter en cultures potagères ? Où en est-on ? »

Le maire baissa la tête et dut admettre qu'il avait du mal à mobiliser et faire participer les « vieux ». Ils étaient de bonne volonté, mais cela s'arrêtait à des résolutions non suivies d'effets, plus par flemme et léthargie, due à une longue existence sans stimulations, que par crainte de ne plus pouvoir récupérer leurs terres. En face, les jeunes étaient en demande ; la 4G, le wifi, un arrêt de bus, la réouverture du bureau de poste pour les dépôts de colis commandés sur internet. Une femme qui se tenait au dernier rang debout avec son mouflet, prit la parole pour formuler la liste de tout ce qu'elle avait réclamé au maire et qui ne venait pas. Elle avoua même qu'elle n'avait pas besoin de commerce dans le village et qu'elle descendait au Puy-en-Velay tous les week-ends pour remplir son caddie.

« Mais si vous allez chercher et demandez quelque chose de l'extérieur, il faudra des taxes pour les payer et donc de la croissance ! Ce n'est pas de l'écologie ! Le but, est que le village subvienne aux besoins de tous ses habitants, à partir de ses propres ressources, matérielles, sociales et intellectuelles. Sans cela, c'est quoi l'écologie pour vous ? Une étiquette bio sur un fromage de chèvre ? »

Bertille était découragée par ce qu'elle constatait : l'inertie du rural. Le maire tentait de la réconforter en lui faisant remarquer qu'il fallait un peu de temps… Elle ne voulut pas rester pour le déjeuner gentiment offert. Nous remontâmes dans notre bolide électrique. Direction, la capitale.

Elle lâcha qu'elle en avait assez des vedettes des médias comme Yves Dion, Xavier Cochet qui bavassent sur France Inter mais qui ne font rien.

— Beaucoup d'incantations ; il faut ci, il faut ça… mais aucune action concrète. Qu'ils participent à l'action du gouvernement, qu'ils proposent des amendements pragmatiques qui ne mettent pas tout le monde dans la rue ! C'est sûr, ils n'ont jamais mis les mains dans le cambouis !

Anicet se remémorait alors la remarque de Hilda Lindberg à Ostersund, lui disant qu'il avait des mains de conservateur.

— Tu sais, fit Anicet, je reviens de Suède, de Greenland comme ils disent. Ils n'en font pas autant ! Expulsion d'éleveurs pour exploiter un gisement de terres rares, accords avec la Chine afin de se partager des ressources naturelles en manque, de la com et du think tank à Davos. Pour moi c'est du capitalisme pur et dur sous une étiquette galvaudée. Ils soignent leur communication. Hilda Lindberg, c'est une vraie trouvaille qu'un maître de la publicité comme Jean-Paul Goude n'aurait pas reniée.

Faisant partie de la « secte », la députée n'approuva pas cette dernière réflexion qui assimilait la « grande prêtresse » en un banal objet publicitaire. Mais tellement lasse de cette visite, elle se garda bien de répondre. Les ennuis commencèrent…

La jauge de la Tesla indiqua qu'ils consommaient dorénavant la réserve ultime d'autonomie : quinze kilomètres. C'était suffisant pour arriver jusqu'à la prochaine pompe d'autoroute.

Ils cherchèrent la borne de recharge. Elle n'était pas indiquée. Enfin ils l'identifièrent… bien cachée. Elle ne fonctionnait pas.

Anicet questionna le pompiste à l'intérieur. « Elle est toute neuve voyez-vous. Ils sont venus l'installer en début de semaine, mais elle n'est pas branchée ! C'est prévu pour mardi. Revenez la semaine prochaine ! »

Inutile de lui demander secours. Heureusement, la Tesla affichait un numéro d'assistance au tableau de bord. La dépanneuse vint au bout d'une demi-heure.

— Elle n'en n'a pas l'air, mais elle est lourde cette voiture ! dit-il en la treuillant sur le plateau.

— Oui, à cause des batteries.

— Je vous dépose où ?

— À la grande ville la plus proche, là où il y a des stationnements avec des bornes de recharge pour   voitures électriques.

Il se gratta la tête et même au Puy en Velay, il ne se souvint pas qu'il en avait vu. La meilleure solution selon lui, consistait à s'arrêter à toutes les stations-service, jusqu'à trouver une borne de recharge rapide. Soixante kilomètres plus loin et après deux heures de dépannage et de recherche, ils en débusquèrent une enfin, tout en se faisant délester de sept cents Euros, coût forfaitaire du dépannage, soit l'équivalent de dix pleins !

Il était dix-sept heures. Anicet Le Goff, auditeur assidu de France Inter, alluma la radio pour le flash. Elle ronronnait des banalités politiques et soudain, leur attention fut attirée par cette annonce à propos du réchauffement climatique, commenté par notre chercheuse nationale : Valérie Poisson Pilote, dont la rédaction de Radio France ne manquait pas de nous en rappeler tous les jours les effets dévastateurs. Est-ce que les journalistes détenaient son « 06 » privé ? Telle une nutritionniste, alors que ce n'était pas son domaine de compétence, elle émit l'injonction que dorénavant, il ne fallait plus manger de viande, qu'elle soit de bœuf, de porc ou de volaille. À la place, elle recommandait les fruits et les légumes. « Ce n'est pas moi qui le dis mais le rapport du GIEC approuvé par l'ONU ! » Là encore, Anicet jugea que ce nouveau dogme d'écologie radicale dépassait l'entendement ! Mais il n'en fit rien. Il songea à ces belles vaches blanches morvandelles que l'on contemplait de l'autoroute avant de gravir le col de Bessey-en- Chaume. « Ces pauvres vaches on ne peut plus paisibles. Ne font-elles pas partie de notre patrimoine visuel depuis l'enfance ? Qui ose maintenant leur attribuer la responsabilité du réchauffement ! » Il ne put s'empêcher de penser à Ravachol, ce leader anarchiste, grande figure de l'opposition, lors de la guerre contre les Prussiens et son célèbre slogan « mort aux vaches ». Georges Brassens, par son attachement à la cause l'avait repris en le reformulant : « Je suis anarchiste au point de toujours traverser dans les clous afin de n'avoir pas à discuter avec la maréchaussée. » Puis vinrent les ours des Pyrénées. Le sort de ceux du nord, blancs de pelage, victimes eux aussi de l'effet de serre avait ému la grande prêtresse à l'âge de douze ans, au point de provoquer chez elle une dépression. « Tuez-les tous ! » (les moutons catalans), « laissez les vivre ! » (les ours des Pyrénées) et « vive le bœuf argentin ! »

Le reste du trajet fut silencieux. Chacun sa m.. et son boulot ! Anicet Le Goff était finalement très satisfait du rôle que lui avait confié François de R. et n'enviait pas sa collègue. La nouvelle loi que portait Bertille serait, tout comme la précédente, aussi impopulaire. Quant à cette secte, elle était aussi despotique que toutes les autres.

À son retour à l'Assemblée, il fit avec surprise, la connaissance de Line, une métisse Sino-Européenne, « binoclée », la coupe au carré, une presque quadra. Elle n'était pas spécialement belle, attifée de baskets roses et d'un tee-shirt assorti un peu criard, mais mignonne. Son visage, constamment orné d'un léger sourire enthousiaste, dégageait un charme indéfinissable fait de douceur et de candeur. Bien que mûre, elle se cherchait. Elle voulait certainement bien faire. Comme promis par François de R. elle venait de l'I.E. (l'Intelligence Économique). Ils avaient enfin trouvé l'oiseau rare ! Elle était lasse du travail sur écran, voulait lever la tête et voir du pays, selon sa brève présentation d'elle-même. Elle se présenta en précisant que son prénom avait été francisé. Line ou Lin en Chinois, cela signifiait « Jade magnifique ».

琳

— Venez, fit Anicet Le Goff. J'ai plein de choses à vous dire et à rapporter sur mon voyage en Suède. J'y ai rencontré Ingmar Rentzhog de Global Utmaning et surtout Hilda Lindberg.

— Vous avez vu Hilda Lindberg ! Waouh !

— Oui. Elle me semble complètement habitée par une sorte de ferveur religieuse. C'est Jeanne d'Arc !

Line ne voyait pas où il voulait en venir. Il l'invita à prendre la place qu'occupait Reem et lui remit la liste des personnes présentes lors de la cérémonie en Cappadoce. Enfin il lui raconta toute l'affaire à propos de la Coopération Nordique fondée par Katherin Parson et du think tank : Global Utmaning et de ses liens avec le forum de Davos. En revanche, il se garda bien d'évoquer le destin tragique de sa précédente assistante.

Line compléta la première sélection d'informations sur les entreprises affiliées à la Coopération Nordique et leurs liens avec les grands acteurs économiques. Elle remarqua qu' une grande exposition technologique aurait lieu fin octobre à Shanghai, une sorte de remake de l'exposition universelle de 2012. Shenghe Resources Holding y tiendrait un stand d'exposant. Il fallait profiter de l'occasion !

Line et Anicet prirent un vol pour Shanghai ainsi qu'un visa court séjour pour affaires de 72 heures.

29 octobre 2019 – Shanghai

Ils avaient débarqué la veille, pris le Maglev depuis l'aéroport, et se retrouvèrent dans un hôtel cosy, à Yuyuan Garden, près du Bund. C'était ce que Line avait choisi, plutôt que le quartier futuriste de Pudong, là où avait lieu l'expo et qui manquait d'âme. Ils prirent le métro pour Xintiandi, un des centres de la vie nocturne de Shanghai. Line avait repéré quelques bons restaurants. La soirée commença par la cérémonie du thé à laquelle, comme touriste, il fut impossible d'échapper. Elle est cependant plus populaire à Pékin. Line avoua à Anicet que dans son quartier du 13ᵉ, cela ne se pratiquait pas. Les riches Chinois de France, lorsqu'ils participent à un banquet, préfèrent conclure le repas avec une fine champagne, la plus chère possible, qui précède souvent, quand les affaires ont été bonnes, une sorte de chants gutturaux, qui ne sont pas sans rappeler l'appel nuptial des éléphants de mer. Elle n'avait jamais assisté à une cérémonie du thé

Une jeune femme à la mise et au maquillage ultra-soigné vint se présenter avec un petit plateau en bambou devant leur table. Sans dire un mot, elle attendit que toute l'attention fût portée sur elle, pour poser son plateau et initier son cérémonial. Elle commença, à l'aide d'une minuscule bouilloire, à remplir les récipients qui allaient servir à la confection du noble breuvage. Puis elle jeta l'eau sur le plateau qui comportait un double fond. Enfin, elle versa l'eau dans « La Théière », qui par sa taille minuscule, n'aurait pas dépareillé dans la dînette d'une enfant ! Elle préleva dans une petite boîte habillée de soie, quelques brindilles noires de ce qui ne pouvait être que du thé. Elle les ajouta dans la théière et ils virent qu'elle égrainait mentalement les secondes jusqu'à un moment précis où le liquide fut versé temporairement dans un autre récipient. Durant ces opérations, Anicet observa autant le visage de la jeune femme que ses gestes codifiés. La prouesse, consistait à ce que son visage n'exprimât à aucun moment, le moindre sentiment, pas la plus infime déformation des lèvres et de ses sourcils durant ces manipulations. Cela faisait partie de la maîtrise du cérémonial autant que la précision dans l'élaboration du thé.

Après force versements et transvasements, le précieux liquide fut enfin versé dans les deux tasses, soigneusement rangées à leur place, que comportait le plateau. Il n'aurait pas été possible d'en ajouter une troisième !

Curieux et surtout très impatient de connaître le résultat gustatif, tant évoqué comme étant un « climax » de la culture chinoise dans les guides pour touristes, Anicet but, cherchant à chaque gorgée, la saveur du breuvage qui, tiède et légèrement parfumé, ne lui évoquait pas grand-chose. Il ne pouvait évidemment pas demander une deuxième tasse pour essayer de trouver ce qu'il cherchait.

— C'est très étonnant Line. Je ne trouve rien d'exceptionnel à cette eau tiédasse à peine aromatisée. Pour moi, si on parle de thé, c'est incontestablement celui produit dans les montagnes de Ratnapura, au Sri Lanka qui remporte la palme ! Mais j'avoue que celui-là ne me laissera aucun souvenir.

— Moi non plus je n'aime pas plus que ça, fit Line. Je comprends maintenant pourquoi personne ne pratique la cérémonie du thé dans mon quartier de la rue de Choisy. Mais je pense que c'est un dérivé pour touristes, d'une habitude pratiquée jadis chez l'Empereur.

— Ah ? Je ne connais pas, dis m'en plus ! demanda Anicet.

— La vraie boisson populaire des Chinois, c'est l'eau chaude. Jusqu'à récemment, l'eau en Chine n'était pas potable et provoqua beaucoup de maladies comme la dysenterie. Elle causa la mort dans les campagnes jusqu'au XIXe siècle. Aussi les Chinois ont pris l'habitude de bouillir leur eau. Elle était servie encore tiède à table. Une eau fraîche était suspectée de contenir des germes et donc jugée impropre à la boisson. C'est toujours le cas. As-tu observé dans les restaurants familiaux comme dans celui où ils t'ont servi une bière tiède ? Ce n'était pas de la négligence ! La bière fraîche, c'est uniquement pour les Occidentaux !

— Ce thé chinois demande beaucoup de manipulations pour un résultat finalement très quelconque. Pour ma part, dit Anicet, je préfère l'inverse, c'est-à-dire, peu de manipulations pour un résultat exceptionnel ! J'ai comme référence le service d'un loup, dans un restaurant de Lisbonne il y a quelques années. Le maître d'hôtel s'inclina devant nous. Il tenait d'une main ce long plat, selon sa plus grande longueur, à hauteur de nos yeux pour que nous puissions observer son travail. Il ouvrit le poisson et découpa d'une main les filets avec une fourchette. Puis il les écarta délicatement de l'arête centrale et nous les servit sans les rompre, de la même main. Économie de gestes, pour un résultat parfait.

Mais il est vrai que les Portugais ont conquis le monde, dont la Chine, dès 1415, après la Conquête de Ceuta. Tomé Pires fonda la première ambassade Européenne à Canton en 1517 !

Line ne releva pas ce propos prétexte à une joute de suprématie entre civilisations. Elle le coupa lorsqu'il commença à faire allusion à la boussole et ce qu'en avait Magellan…

« Goûtons tous ces plats ! » dit-elle avec un empressement accompagné d'un grand sourire à son attention. Virevoltèrent alors les baguettes qui papillonnèrent au-dessus de cette débauche de plats.

Le repas se termina tard. Le décalage horaire aidant, ils rentrèrent en reportant au lendemain la promenade sur le Bund.

L'Exposition Technologique de Shanghai avait lieu dans l'ancien pavillon de la Chine, qui, reconverti en musée après l'exposition universelle, avait été provisoirement vidé et aménagé pour la circonstance. Tout était regroupé là. Seuls les milieux d'affaires y étaient présents. Les stands ne présentaient pas d'intérêt pour le grand public. Aussi, même dans le métro, elle n'était pas médiatisée. Le contexte économique plutôt en récession, incitait les firmes chinoises à nouer de nouveaux partenariats avec des entreprises extérieures.

Line et Anicet trouvèrent le stand de Shenghe. Ils avaient mis au point une stratégie d'approche : Anicet était un élu d'une commune du littoral breton, en charge de mettre en place en partenariat public privé avec des entreprises telles que Siemens et Alstom, pour implanter un vaste champ d'éoliennes off-shore. Il voulait s'assurer de la pleine et entière coopération des Chinois pour la fourniture des matières premières stratégiques.

Line traduisit cette intention à l'hôtesse qui animait le stand. Elle disparut par une porte dérobée, pour réapparaître accompagnée de deux hommes en costume Mao, l'air on ne peut plus fermé. Elle leur présenta Monsieur Yu, le PDG de Shenghe Resources Holding. Il les salua par un bref sourire. Ils entrèrent tous les trois dans un espace privé, clos et discret. D'autres dirigeants, habillés à l'identique, se levèrent pour les saluer à leur tour, en leur tendant à deux mains la carte de visite estampillée du sigle de la SRH.

Monsieur Yu en vint au fait. Il était tout disposé à discuter avec Anicet et Line, tant que ceux-ci avaient une monnaie d'échange à proposer dans la tractation.

Line et Anicet se regardèrent à propos de cette notion de « monnaie d'échange ». Qu'est-ce que cela voulait dire ?

Monsieur Yu explicita sa demande :

— Nous, Chinois, avons besoin d'acquérir les meilleures technologies pour nous développer.

— Mais vous vous équipez déjà d'éoliennes off-shore conçues et fabriquées en Chine. Je ne comprends pas votre demande de technologie ?

— Ce n'est pas notre besoin les éoliennes, répondit le dirigeant. Nous voulons développer également d'autres moyens de production d'énergie sans combustible fossile. La Chine a signé les accords de Paris. Notre gouvernement nous impose de développer des énergies propres.

Votre concurrent a bien compris, lui. Il nous apportera des plans la semaine prochaine, dit-il à voix basse en se penchant vers Anicet.

— Et qui est ce concurrent ?

— C'est un Européen. Je ne peux pas vous en dire plus bien sûr ! Le plus amusant, c'est que ce sont des plans d'une technologie française ! Pourquoi ne nous apportez-vous pas des plans allemands ou anglais ?

Et ils partirent dans un grand éclat de rire collectif. Ils se moquaient bien de leurs interlocuteurs de France et de la naïveté avec laquelle ils abordaient les affaires. Il fallait bien le reconnaître, Anicet et Line appartenaient aux pouvoirs publics. Aussi ils ne connaissaient pas « les usages » pour négocier ce type d'échanges avec des responsables placés là, par le parti, dans un pays à l'économie planifiée.

En sortant du pavillon de la Chine, ils échangèrent, tout en marchant, leurs impressions et leurs déductions en décortiquant les messages qu'ils avaient perçus. « Énergie propre de technologie française », ce ne peut être que le nucléaire ! Ils avaient maintenant la conviction que les plans en question étaient ceux de l'EPR et que le concurrent qui était déjà dans la place, ce ne pouvait être qu'Oersted ou l'un de ses partenaires de la Coopération Nordique.

Line, rédigea un SMS dans le métro à son responsable de l'I.E. en y adjoignant un « Urgent . Il faut intercepter le messager des plans la semaine prochaine ! » Elle vérifia que le message avait bien été transmis. Elle eut une appréhension après-coup. Et si le message avait été capté et analysé par les Chinois ? Elle enfouit cette pensée dans sa tête en se donnant raison. « Plus vite ils auront l'info, plus ils auront de chance de monter une action clandestine à temps pour empêcher le transfert des plans, dit-elle à Anicet » Un souvenir du stage de sensibilisation du capitaine Morot.

Il passèrent l'après-midi entière à visiter Shanghai. Line préférait plutôt les lieux romantiques. Ils visitèrent d'abord People Square, la place centrale avec son musée de la ville, qui coïncidait avec leur cheminement en métro. Construit à l'occasion de l'exposition universelle de 2012, instrument de propagande bien réalisé, il donnait le sentiment d'un développement économique conquérant et sans limites. La décroissance de Xavier Cochet, ce n'était pas sur cette planète, assurément !

Line parvint enfin à entraîner Anicet pour une croisière de deux heures sur la Huangpu River. Le panorama de la Skyline du quartier d'affaires de Pudong, puis du Bund au soleil couchant, ne laisse personne indifférent ! L'occasion était toute trouvée pour eux de s'émerveiller et d'oublier pour un moment, le motif de leur voyage. À l'image des autres touristes à bord, cette attraction était plutôt la consécration d'un voyage de noces ou simplement d'un bon moment entre amoureux. Avec ces images plein les yeux, presque ensorcelantes, ils se racontaient des souvenirs personnels. L'intime prenait le pas progressivement sur la relation de travail. La promenade le long du quai, presque à la nuit tombée, prolongeait ce sentiment agréable. Ils s'essayèrent au selfie par mimétisme avec les autres promeneurs du Bund.

La vue sur la Skyline sur la rive opposée constituait l'attraction avec ces tours audacieuses et leurs étonnantes illuminations animées, mais pas que… L'observation de familles et de couples se photographiant dans des poses et des situations les plus cocasses créait tout autant l'évènement.

Line se livra à son tour aux joies du selfie. L'occasion de contacts rapprochés avec son binôme. Il finit par se laisser prendre au jeu. Dans l'élan d'un bonheur soudain, elle se risqua même à un baiser, immortalisé sur son smartphone. Anicet la regarda étonné. Elle baissa d'abord les yeux, puis le regarda longuement bien en face en l'enserrant dans ses bras.

La promenade pouvait se terminer à cet instant-là. Un malentendu ? Qu'est-ce qu'une geek de l'I.E. pouvait avoir de commun avec un député ? Mais il se laissa faire et sans un mot, ils poursuivirent vers le nord en remontant vers Garden Bridge, à la recherche d'un restaurant romantique en terrasse, avec vue sur la Skyline. Celui du Sassoon House correspondait bien à cet idéal. Une fois placé en terrasse, Anicet étudia soigneusement la carte tandis que Line avait les yeux braqués sur lui. À tel point que pendant tout ce temps, elle n'avait rien choisi et conclut devant l'impatience de son vis-à-vis par un : « Comme toi bien sûr, Anicet ! »

Le retour vers l'Art Hôtel qu'ils avaient choisi, situé sur Guangdong Road, imposait de revenir sur leurs pas et d'admirer les façades savamment éclairées des établissements 1930 comme celles de la Custom House, de la banque HSBC, de la Bangkok Bank … Cette marche romantique se termina au comptoir de l'hôtel. Line repoussa la clé de sa chambre, faisant comprendre qu'elle n'en avait pas besoin. Le mutisme d'Anicet était encore plus fort dans l'ascenseur. Il ouvrit la porte et laissa Line entrer la première. Il se préparait à prendre une douche. Line le rejoignit dans le vaste espace à l'italienne séparé du reste par une grande paroi vitrée. Elle l'enlaça à nouveau, laissant l'eau ruisseler sur son front. Ils restèrent ainsi un moment, collés l'un contre l'autre. Il s'allongea sur le lit immense. Elle se sécha à son tour, éteignit les lumières et rampa sur le lit pour venir à ses côtés, puis l'enjamba. Elle lui fit doucement l'amour. Le temps ne comptait pas. Puis la fatigue aidant, ils s'assoupirent, chacun dans un coin du lit, si vaste, qu'il fallait un plan pour se retrouver !

Le matin, au petit-déjeuner, elle l'observa à nouveau. Il n'avait toujours pas dit un mot. Il pensait à autre chose. Elle se dit que pour lui, cette « douce nuit d'opium » à Shanghai, était une aventure sans lendemain. Elle le vit dans son regard et estima également que leurs chemins allaient se séparer là. Cette mission n'avait plus de raisons de se poursuivre.

1er novembre 2019 – siège de la DGSE, boulevard Mortier , Paris 20ᵉ

Comme à l'accoutumée, le débriefing hebdomadaire des opérations en portefeuille à la DGSE avait lieu ce lundi matin. L'officier en charge de l'ordre du jour, égrena la liste des opérations en cours. Elles défilaient à l'écran de façon systématique, voire monotone et pratiquement toutes, annotées de la mention : « suit son cours, rien à signaler ».

Le balayage à l'écran, rapidement épuisé, on passa alors aux nouvelles alertes.

— Mon capitaine, nous avons reçu un message urgent provenant d'une certaine Line Galtier de l'Intelligence Économique. Il s'agirait d'un risque de fourniture à la Chine, des plans de notre centrale EPR, par une personne étrangère. La transaction aurait lieu le 8 novembre prochain, à Shanghai.

— Bon Dieu, ça ne nous laisse pas beaucoup de temps ! Par chance, aurait-on le nom de cet espion ?

— Oui, on l'a. La personne de l'I.E. a bien bossé. Il s'agit d'un ressortissant du Royaume-Uni : Robert Stewart pour être précis. Il réside au Pays de Galles, à Milford Haven et dirige la société Wave Electricity. Elle pense qu'il doit se rendre en Chine à l'occasion de l'Exposition Technologique de Shanghai.

— Vous contactez Areva et l'ASN et tâchez de savoir s'il y a eu d'éventuelles fuites de plans et de données sensibles sur l'EPR. Enfin, enquêtez sur les vols entre Londres et Shanghai. Ça doit être facile de savoir celui qu'a réservé Robert Stewart. Faisons le point à 16 h 00. D'autres nouvelles alertes ?

— Non mon capitaine.

— Merci. Exécution messieurs !

Le capitaine Morot, la quarantaine, ancien des renseignements extérieurs, était dans son élément pour monter une opération clandestine. Il appréciait la qualité des renseignements fournis par Line Galtier : la date, le mobile et le nom de la personne à intercepter. Il se félicitait d'avoir effectué cette campagne de sensibilisation à l'I.E.. Ce n'était pas du temps perdu !

Il contacta aussitôt son collègue des actions spéciales clandestines.

— Tu peux venir Nicolas ? Une opération à mener sur la Chine. Au fait, le couple de médecins, il est disponible en ce moment ?

— Oui, ils sont là et leurs visas à jour.

— Viens, retrouve moi dans mon bureau. Il faut qu' on en discute.

Morot lui fit le topo. Comment vois-tu l'interception ? À Shanghai avant le rendez-vous à l'expo, ou dans l'avion ? Il ne faut pas l'éliminer. Tu es d'accord ?

— Oui, car un autre messager viendra plus tard, chargé de la même besogne.

— Ces plans, il ne faut pas les voler non plus, ça aboutirait au même résultat.

— Ailleurs que sur un PC, les plans ça se stocke et se transporte facilement sur une clé USB. C'est pratique et presque indétectable. Le transfert se fait en un rien de temps.

— Dans l'avion à ton avis, où mettrait-il sa clé ? Dans son bagage en soute ou tout simplement dans sa poche ou branchée sur son PC ?

— Si on a la date de son vol de retour, on saura s'il emporte ou non une valise. Mais tu as raison, intervenir pendant le vol, ça serait peut-être plus facile ! Sauf que la compagnie n'est pas française. S'il y a un incident…

— On peut prévenir Scotland Yard. À voir en fonction des risques. Il faudrait obtenir des plans falsifiés de la part d'Areva. Ainsi, on pourrait « étourdir » Robert Stewart pendant le vol, en profiter pour le fouiller en lui subtilisant les plans sur sa clé et sur son ordinateur… et ni vu ni connu, il ne se doutera de rien.

— Je suis prudent sur la capacité d'Areva à nous fournir très rapidement de faux plans. Le temps que notre demande descende dans la hiérarchie… Ça leur prendra des semaines.

— On verra. Tu fais venir les toubibs ?

Annie est médecin. Son « faux » mari Hervé, ancien des forces spéciales, est rompu au combat à mains nues. Il s'y connait en informatique. Bref, le binôme idéal. Après l'exposé du scénario de l'opération tel que l'imaginaient le capitaine Morot et Nicolas, Ils les sollicitèrent pour savoir comment eux, ils allaient procéder.

Annie intervint la première.

— Oui, je pourrais l'étourdir en lui versant dans sa boisson ou dans son dessert, de l'éthylène glycol. C'est un produit courant, d'un goût sucré, extrêmement toxique, mais qui ne provoque pas de mort foudroyante. L'avantage, c'est qu'il a un antidote, le Fomépizole. Tous les deux sont incolores et inodores et donc passent sans problème les contrôles des aéroports. Après ingestion, je simulerai une réanimation tout en lui administrant l'antidote. Entre-temps Hervé, tu récupèrera la clé et son PC pour télécharger les faux plans et on les lui restituera. Quatre ou cinq heures après, il devrait être sur pied et se rendre à l'exposition sans trop de séquelles.

— C'est vite dit, avoua Hervé. Si le PC est fermé, comment le pirater et télécharger de faux plans ?

 Silence. Personne n'y avait vraiment réfléchi.

— Hervé, contactez Line Galtier pour voir avec elle s'il y a une solution. Après tout c'est une hackeuse professionnelle !

— Le problème qui reste à résoudre ce sont les faux plans. Est-ce qu' Areva peut nous faire ça en deux jours ? J'en doute. Je contacte le chef de cabinet de la ministre pour qu'elle appuie notre demande.

On apprit du débriefing de 16 h 00 qu'Areva avait été approchée par une compagnie sidérurgique suédoise afin de réaliser une cuve conforme en taux de carbone, en un court délai, pour remplacer celle de Flamanville.

Hervé avait appelé Line qui lui avait donné la solution. Sur la clé USB, il téléchargerait un virus, genre cheval de Troie pour tuer les fichiers contenant les plans originaux et les remplacer par les faux plans dans le même répertoire. La seule contrainte, consisterait à introduire la clé, lorsque le PC serait allumé.

Les vols aller/retour de Robert Stewart avaient été identifiés. Ils s'agissaient des vols BA 160 et BA 161 à deux jours d'intervalle.

Enfin, il fixèrent un rendez-vous chez Areva à La Défense pour le lendemain huit heures. Nicolas et deux sous-officiers de la DGSE se présentèrent le 2 novembre à l'entrée de la tour sur le parvis de la Défense. Le chef de la sécurité, Antoine Muscat, les attendait. Ils montèrent ensemble au 14e étage, celui de la direction.

Le directeur des études et du développement prospectif les accueillit de façon ouverte et presque joviale. Nicolas, sans plus tarder, posa la première question.

— En dehors d'Areva, qui détient les plans de l'EPR ?

— Tout dépend de la nature des données. Pour la composition du cœur et du combustible, nous les partageons avec le CEA. Pour le circuit hydraulique, eh bien il y a Creusot Forge bien sûr, l'ASN et puis notre sous-traitant sur le site de Hinkley Point au Royaume-Uni.

— Hinkley Point ?

— Oui, fit le directeur. Nous construisons une autre centrale. Elle est même plus avancée que celle de Flamanville. Les pénalités de retard sont très élevées. Les Anglais ne plaisantent pas avec ça.

— Quel corps de métier a le plus besoin de ces plans selon vous ?

— Les soudeurs , pour assembler les composants fabriqués par Le Creusot Forge. Il me semble qu'ils sont plutôt localisés au Pays de Galles. Il y avait une importante industrie de plateformes pétrolières. Je crois que c'était à Pembroke. Je m'en souviens parce que c'est la région originaire des chiens de la Reine d'Angleterre.

Nicolas téléphona au capitaine Morot.

— Robert Stewart, n'est-il pas domicilié à Pembroke dans le Pays de Galles ?

Et il attendit quelques minutes…

— Tout à côté répondit Morot. À Milford Haven. Pourquoi ?

— Les soudeurs d' Hinkley Point ont les plans et pour la plupart, ils ont bossé à Pembroke sur les plateformes pétrolières.

— Donc c'est confirmé ! C'est bien lui que nous devons intercepter.

Nicolas passa le reste de la journée au bureau d'études d'Areva. Une petite équipe très dévouée avait été mobilisée spécialement pour reprendre un à un les plans et y introduire des erreurs volontaires. À neuf heures le soir, il repartit avec sur sa clé, les fichiers selon les trois formats usuels de conception ; Catia, Autocad et Computer vision. Restait à se rendre à l'I.E. pour télécharger le virus approprié.

7 novembre 2019 – vol BA 161, Londres – Shanghai

Le vol était presque complet. Il fallait s'y attendre en ce début de semaine. Annie et Hervé avaient obtenu les deux derniers billets en cabine business, la même que celle de Robert Stewart, sans savoir s'ils étaient idéalement placés par rapport à lui. Ils le reconnurent au salon, après l'enregistrement. Sa carte d'embarquement dépassait de la poche intérieure de son pardessus. Annie réussit à lire « 4B », son siège, côté couloir, à gauche de la cabine. Annie avait le siège « 6A », une position idéale, qui permettrait également d'observer ses faits et gestes par-derrière.

Malgré leur habitude de ce genre d'action clandestine, ils étaient tendus. Ils étaient conscient de la difficulté, car il fallait être sûr de pirater tous les plans en sa possession.

Robert Stewart, lui en revanche, était décontracté. Il appela longuement sa femme, puis se saisit d'une copieuse pile de quotidiens économiques et se détendit avec une Guinness.

Annie donna un coup de coude à Hervé : « S'il reste à la Guinness, il détectera le goût de la mixture ».

Enfin on appela les passagers du vol BA161 pour l'embarquement. Une fois installée à bord, Annie remarqua qu'elle avait à sa droite, une mère dont la fille n'arrêtait pas de l'observer. Elle était à deux doigts d'engager la conversation. « Mauvais », se dit-elle et elle résista à son invitation à faire connaissance, en prenant une expression antipathique dont elle avait le secret.

Deux heures après le décollage, vint enfin la collation. Annie commanda exactement les mêmes boissons que Robert et se rendit rapidement aux toilettes arrière. Elle y réalisa tranquillement son mélange toxique avec l'éthylène glycol et boucha les bouteilles, en recollant soigneusement la capsule avec sa virole. Elle revint rapidement à sa place pour se tenir prête, au moment où il se rendrait aux toilettes à son tour.

Il était tellement absorbé par son PC, qu'il ne but ni n'entama son plateau-repas. Après une heure, son plateau fut débarrassé et la lumière de la cabine s'éteignit pour la configuration de vol de nuit.

Enfin, il se leva et Annie lui emboîta le pas immédiatement, suivie d'Hervé, qui en passant, réussit à brancher la clé sur le PC resté allumé. Il savait qu'il y fallait au moins dix minutes pour que l'opération de détection et de transfert de fichiers réussisse.

Annie, quant à elle, avait réussi à subtiliser les boissons. En sortant des toilettes, Robert Stewart eut envie de bavarder avec les hôtesses. Il demanda une bière, ainsi qu'une pâtisserie et entama une causette. Hervé avait évalué le temps de piratage à dix minutes. On avait largement atteint cette durée. Il reprit le couloir en sens inverse et récupéra discrètement sa clé. Grâce à la pénombre qui régnait dans la cabine, il réussit à ne pas attirer l'attention des passagers voisins. D'ailleurs, la plupart dormaient. En s'installant à sa place, il vérifia à l'aide du mouchard contenu dans la clé, que l'opération de transfert s'était bien déroulée. Le virus avait installé les cinq fichiers

Autocad prévus. Il souffla. « La moitié du job de fait ! » se dit-il.

Robert revint à sa place vingt minutes plus tard, écarta ses boissons et s'installa pour dormir. Annie ne put fermer l'œil. Elle sortit la troisième et ultime fiole de poison qui lui restait. Au bout d'une heure, l'hôtesse vint proposer de l'eau en la servant dans des gobelets. Au moment où elle servit Robert, elle fonça vers l'hôtesse, la bouscula et réussit à y verser un peu d'éthylène glycol. Elle ne pouvait être certaine que la quantité versée allait suffire, car elle en avait certainement répandu la plus grande quantité sur le sol.

Elle attendit encore. Le vol durait déjà depuis plus de cinq heures. On atteindrait bientôt la durée limite avant de pouvoir le ranimer dans de bonnes conditions avec l'antidote. Il fallait qu'il soit sur pied au moment de l'atterrissage. Robert Stewart se réveilla enfin, et but d'un trait son verre d'eau. Cinq minutes plus tard, il commença à s'agiter, se leva pour se rendre à l'avant de la cabine et tomba comme une pierre dans le couloir. Il gémissait, pris de tremblements. Une des hôtesses surgit alors, évalua la situation. Elle appela immédiatement sa collègue et réussirent à le déplacer jusqu'à la zone réservée au personnel de cabine. L'une d'elle émit alors une annonce pour demander un médecin. Sa voix ne trahit aucun signe d'inquiétude particulière.

Annie se leva pour porter secours. « Je suis Française et médecin. Je peux intervenir. Il faut le mettre en position latérale de sécurité. Vous auriez des couvertures ? La trousse de premier secours ? »

Le copilote vint à son tour pour se rendre compte de la situation. Il proposa sa couchette.

« Ce n'est pas nécessaire pour l'instant, » fit Annie. Et elle fouilla dans la trousse à pharmacie que lui tendit l'une des hôtesses. Elle avait l'antidote dans la main et l'introduisit immédiatement dans la trousse lorsqu'elle l'ouvrit. Puis elle fit semblant en cherchant, d'identifier le remède adéquat. Enfin elle lui fit avaler l'antidote. Il toussa abondamment.

« Vous auriez une sonde gastrique ? » demanda-t-elle. La deuxième hôtesse revint quelques minutes après avec l'objet idoine.

L'antidote avait eu le temps d'être absorbé. Annie lui introduisit la sonde pour vider l'estomac. Elle se plaignit qu'il y avait trop de monde autour d'elle et demanda à être seule avec le malade. Elle avait commencé à le fouiller. Il s'en apercevait, mais n'avait pas la force de l'en empêcher. Elle trouva un sédatif dans la trousse et le lui administra. Enfin, à l'abri des regards, elle mit la main sur son trousseau de clé. Le porte-clés comportait une clé USB. Elle sortit immédiatement dans le couloir et le donna à Hervé. Ils avaient dix minutes avant de pouvoir le restituer. Elle réussit à asseoir son malade, dos contre la porte principale d'accès en cabine. Ce n'était pas une position des plus confortable, mais ainsi, il ne gênait pas les allers et venues des passagers qui commençaient à passer fréquemment par curiosité et à poser des questions.

Hervé vint à son tour et lui tendit le trousseau, en lui faisant signe de la tête pour lui signifier que c'était OK. Une fois le trousseau restitué, l'espion recouvrait petit à petit ses esprits. À deux, elles l'aidèrent à réintégrer sa place. Annie demanda deux mignonnettes de cognac. Elle revint à son siège, les but d'un trait et s'endormit.

Malgré la longueur de l'attente avant le passage en douane, Robert Stewart avait repris du poil de la bête et s'y prêtait et ne montrait plus aucun signe de malaise. Enfin, après examen de son passeport au guichet, il se dirigea vers la zone de retrait des bagages.

— Il a aussi une valise ! J'espère qu'il n'est pas attendu dans la zone d'arrivée ! s'inquiéta Hervé.

— Je ne l'ai pas vu téléphoner. On a peut-être la chance qu'il se rende en ville par lui-même ?

— On n'a pas le choix, il faut lui arracher la valise des mains dès la sortie de la douane.

Ce qu'ils firent. Tandis qu'Annie l'abordait pour savoir s'il allait mieux, Hervé fila vers les toilettes avec la valise qu'il avait discrètement subtilisée. La diversion avait fonctionné. Ouf !

Très vite, il ouvrit la valise avec un trombone qu'il introduisit dans les serrures. C'était une belle valise en cuir un peu ancienne dont les serrures ne résistèrent pas à sa main experte. Il fouilla partout, entre les chemises, puis dans la trousse de toilette. Enfin il vit une autre clé. Il n'avait pas le temps nécessaire de la télécharger et d'y substituer les fichiers. Il choisit de griller la mémoire interne en la branchant sur le rasoir. Il remit tout en ordre et sortit des toilettes en courant. Il déposa la valise discrètement à côté des policiers qui étaient venus au secours de Robert Stewart, pour l'aider à retrouver son bagage volé ou simplement égaré. Au bout d'un moment,

Hervé retrouva Annie. Ils se postèrent à la sortie du bâtiment « Arrivées » et guettèrent ce qu'il advenait de Robert. Ils le virent monter précipitamment dans un taxi. Un moindre mal !

Le couple choisit depuis ce pays hypersurveillé, de n'adresser aucun rapport à la DGSE pendant toute la durée de leur séjour, par peur de voir leur communication interceptée. Les autorités chinoises pouvaient tout faire. Heureusement, leur vol de retour était prévu le lendemain. Ce temps d'attente sans informations au siège de la DGSE était cependant tolérable.

20 novembre 2019; à bord du Malésan -mer II , Mer d'Irlande

Cela faisait deux jours que Steve et Andrew, les deux skippers, ainsi qu'Hilda Lindberg, avaient quitté Portsmouth à bord de ce voilier de course. Stefano, le propriétaire, riche dandy italien passionné de voile, résidait à Monaco la plupart du temps. On disait qu'il fréquentait la famille princière. À moins que ce soit le casino ? Ou les deux ? Il aimait que la jet-set de la côte parle de lui. Aussi, quand le prince Albert l'informa, entre deux réceptions au Palais, que Hilda Lindberg sollicitait un moyen de transport écologique pour se rendre aux États-Unis, il sauta sur l'occasion pour profiter de cette publicité. Les familles princières monégasque et suédoise se connaissaient bien. L'entregent d'Albert fit le reste, et c'est ainsi que l' Ambassadrice des Consciences fut gracieusement invitée à bord du Malésan Mer II, entre deux rendez-vous incontournables comme le Vendée Globe et la Transat Jacques Vabre. Au début de la traversée, Hilda était un peu inquiète des conditions de navigation. Elle se laissa convaincre par son père qui gérait son image de marque : flight shaming oblige ! Elle ne pouvait y déroger ! Seulement, elle n'avait pas imaginé les inconvénients de cette courte expérience nautique, en dépit de tout l'équipement fournis par ses sponsors. Naturalia avait fait don de caisses de nourriture végane.

L'inconfort était permanent : l'humidité dans la cabine, les secousses, le bruit fracassant des vagues sur la coque et enfin l'hygiène réduite au strict minimum. Dans cet habitacle de bateau aménagé pour la course en solitaire, la seule concession fut l'ajout d'un matelas et de petits rideaux pour l'intimité. Elle bénéficia ainsi de la seule vraie couchette à bord.

Depuis qu'ils avaient appareillé, Steve et Andrew avaient adopté la nourriture végan par solidarité avec leur jeune équipière. Après deux jours d'efforts dans la mer d'Irlande sur ce pur-sang des mers qui filait vingt nœuds, ils commencèrent à tâter à l'alcool et mirent même une ligne à la mer. À cette vitesse, les espoirs d'attraper du poisson étaient minces. Trois maquereaux véloces vinrent cependant compléter l'ordinaire. Hilda qui ne quittait pas la proue, même en prenant régulièrement des paquets de mer en pleine figure, leur fit remarquer que ce n'était pas convenu comme ça. Pour leur défense, Steve et Andrew argumentèrent qu'ils n'avaient rien ingurgité de sérieux depuis deux jours et que l'on ne pouvait interdire à des marins de manger du poisson. Hilda ne pouvait pas s'isoler d'avantage du reste de l'équipage et commença à rendre à la mer ses merveilleux crackers aux graines de sésame bio. L'ambiance bon enfant du départ, laissa peu à peu place à la bouderie, les skippers à leurs affaires et Hilda à ruminer ce qu'elle allait dire pour se plaindre lors du point radio journalier. Elle était trempée et avait froid. Enfin, ce fut l'heure du debriefing au carré. Elle quitta son promontoire et se pressa derrière Steve, qui tentait d'établir une liaison correcte, assis au seul endroit confortable, derrière la table à carte. Après maints crachouillis, ils perçurent la voix de Stefano. Ce n'était pas normal, car il n'intervenait jamais dans les échanges radio quotidiens. Il y avait suffisamment de médias pour relayer l'évènement. Stefano insista pour leur parler en premier.

— Voilà, je ne sais pas comment vous le dire, mais le Malésan ne m'appartient plus.

S'ensuivit un long silence…

Je l'ai joué au casino. Et comble d'humiliation, celui qui en est le nouveau propriétaire m'a demandé de vous l'annoncer. Vous avez l'ordre de rentrer immédiatement à Portsmouth.

— Comment ça rentrer ? s'étonna Steve. Que vous ne soyez ou non le propriétaire du bateau, qu'est-ce que cela change à l'agenda des courses et des transferts ?

— Votre nouveau patron est à la tête d'une petite compagnie aérienne allemande. Il ne veut rien entendre à propos de l'écologie et du flight shaming. C'est logique, non ?

Steve se tourna vers Hilda. Elle était effondrée. Elle ne put exprimer son désarrois par autre chose qu'un grand soupir. Steve suggéra de contacter un navire à proximité pour la débarquer. Elle fit de grands signes négatifs de sa tête :

— Surtout pas de transport à moteur polluant !

— OK, fit Steve. On rentre !

La planète, bien qu'elle se réchauffât, continuait à souffler des bourrasques glaciales sur le Malésan Mer II, qui dorénavant naviguait par vents contraires.

10 décembre 2019 . Épilogue

— Bonjour Bertille. J'ai le regret de vous annoncer le report de la loi. C'est une demande du Président, évènements du week-end obligent ! annonça François de R. Nous ne pouvons pas provoquer les mêmes émeutes aux Champs-Élysées, que celles des gilets jaunes de l'an dernier.

— Je comprends. C'est donc inéluctable que notre politique reste de façade quand il est question d'écologie. Une fois encore, on se couche !

— Vous connaissez un gouvernement qui a vraiment mis ses convictions en jeu pour engager des mesures écolos, concrètes ?

— Le précédent, répondit Bertille. Il a courageusement mis un frein au nucléaire.

— Depuis François Mitterrand, les socialistes ont toujours été opportunistes et au mieux dilettantes à propos du nucléaire. Le film Malevil, aux cinq César, vous l'avez vu ? C'est un peu leur

Woodstock ! Tout ça pour véhiculer une image apocalyptique et catastrophiste d'une industrie qui chez nous, n'a provoqué aucune victime. Je ne voudrais pas citer Anne L., placée par Tonton à la tête d'Areva. Une entreprise maintenant endettée en milliards et un fabricant de cuves qui a perdu son savoir-faire…

Toutes les projections sérieuses* montrent que le besoin en énergie nucléaire dans le monde augmente, même dans les pays occidentaux. Faisons confiance aux nouvelles technologies ! Je vous ai fait venir pour vous proposer un challenge.

Connaissant son ambition, il joua de cette corde sensible et lui proposa la direction d'Areva. A elle de mener à bien les négociations en vue d'une fusion avec un partenaire suédois, champion de la sidérurgie sans rejet de gaz à effet de serre.

Était-elle consciente que cette proposition, c'était un tapis rouge pour sa carrière ! Sa réponse fut des plus surprenantes pour François de R. : « Non, François, j'ai pris ma décision. Je vais monter une épicerie coopérative à Lavaudieu, près de Brioude. L'occasion de mettre en pratique l'entraide à laquelle je crois, basée sur une vraie vie communautaire dont nous avons tant besoin ! »

Différence de génération…

* *Production d'électricité : le nucléaire s'accroche. Cécile Klinger, La Recherche, mai 2018 Source : scénario développement durable du rapport World Energy Outlook 2017 de l'AI*

Bibliographie

* Evolutions climatiques : les modèles et leurs limites. Hervé le Treut. 2004 Laboratoire de météorologie dynamique (LMD), CNRS/ENS/Ecole polytechnique Université Pierre et Marie Curie,

* Ressources minérales : demande, production, réserves, déplétion, criticité et consœurs. Olivier Vidal . CNRS, Laboratoire Isterre lors des rencontres EcoInfo de janvier 2018,

* L'écologie se nourrit du fantasme d'un monde uni et pacifié. Jean-Pierre Le Goff. Le Figaro, 4 juin 2019

* Simulation du climat récent et futur par les modèles du CNRM et de l'IPSL. Jean-Louis Dufresne. La météorologie . n°55 , novembre 2006

* Le capitalisme vert utilise Greta Thunberg. Reporterre, le quotidien de l'écologie. Isabelle Attard , 9 février 2019

* Greta Thunberg, pic de chaleur à l'assemblée. Libération, Laure Equy , 23 juillet 2019

* Yves Cochet : « L'humanité pourrait avoir disparu en 2050 » . Le Parisien, Benjamin Jérôme , 7 juin 2019

* Nucléaire et climat : La grande tromperie. Le Monde , Science 2, Sylvestre Huet, 11 avril 2018

* Il faut élaborer une politique de l'effondrement. Reporterre le quotidien de l'écologie. Pablo Servigne, 20 novembre 2018

* A la foi de nos compatriotes. Les « sans-religion » sont désormais les plus nombreux. Le point. Gabriel Bouchaud, mai 2019

* Où sont passés les catholiques ? Sciences humaines. Colette Muller, Jean-René Bertrand, juin 2003

* C'était mieux avant ! Michel Serres , Manifeste Le Pommier, juin 2019

* Dans l'usine du Creusot ; trois décennies d'une gestion défaillante. Reporterre – Emilie Massemin, octobre 2017

* Production d'électricité : le nucléaire s'accroche. Cécile Klinger, La Recherche, mai 2018 Source : scénario développement durable du rapport World Energy Outlook 2017 de l'AIE

* Aurélien Barrau : « C'est la plus grande crise de notre histoire » . Le Point – Thomas Malher, Guerric Poncet, juin 2019

Du même auteur :

QUALITYSSIMO – une intrigue automobile 2019

Cette fiction se déroule dans le milieu de l'industrie automobile. Comment une femme, d'une classe et d'une séduction hors norme, arrivera-t-elle à faire vaciller le PDG d'un groupe automobile majeur, cette idole du monde de l'argent et de la puissance capitaliste ? Au cours de cette réflexion sur le pouvoir, vous serez transporté en Chine, au Liban, au Mexique et en Finlande.

Les zélotes de Greenland est la suite de Qualityssimo et en reprend quelques personnages et lieux emblématiques.

Global Shapers
Jeunisme
réchauffement climatique
homardgate
vegan
DÉTRESSE ÉNERGÉTIQUE
décroissance
COP 21
monde sans voitures
effondrissme
Passoire thermique
collapsologie
Greenwashing
climat
écologie
ambassadrice de conscience
énergie fossile
énergie
loi climat punitive
Global Humanity
BIO
croissance verte
pesticides
circuits courts
apprendre à mourir ensemble
résilience
COP 21
transition énergétique
rapport du GIEC
gaz à effet de serre
énergie fossile
monde sans voitures
survivalistes
BIO
taxe carbone
commerce équitable
colibri
effondrisme
culture biologique